« Ce qui compte vraiment, dans la sauvegarde des condors et de leurs congénères, ce n'est pas tant que nous ayons besoin des condors, c'est que nous avons besoin de développer les qualités humaines qui sont nécessaires pour les sauver ; car ce sont celles-là mêmes qu'il nous faut pour nous sauver nous-mêmes. »

McMillan

Ce livre est dédié à mon ami Pierre Valck qui a si largement contribué à la création et au développement des conservatoire et jardin botanique de Nancy, ainsi qu'à tous les membres de l'Association des Amis du Jardin botanique qui contribuent par leurs efforts à accroître le rayonnement de ce jardin, désormais de renommée internationale.

Il est dédié aussi à mes amis du service des espaces verts de la ville de Metz qui ont tant fait pour embellir cette ville.

EN GUISE D'INTRODUCTION

Plantes menacées, plantes *en péril*, comme ces monuments que l'on restaure ou que l'on ravale : de quoi s'agit-il au juste ?

Les plantes ne seraient-elles pas destinées à mourir, brisées dès leur jeunesse comme tous ces légumes récoltés, ces fleurs coupées, ces herbes broutées ? Ou encore abattues dans leur âge mûr comme ces arbres victimes de la tronçonneuse ? D'autres succombent de mort naturelle, comme ces vieux pommiers épuisés par maintes récoltes et envahis par le gui. Bref, la plante partage peu ou prou le lot commun à tous les êtres vivants : elle naît, croît, se reproduit et meurt.

Mais, si les individus partagent tous le même sort, qu'en est-il des espèces auxquelles ils appartiennent ? Sont-elles mortelles, elles aussi ? Peut-on imaginer un monde dont tous les coquelicots, toutes les marguerites, tous les bleuets, tous les chênes ou les marronniers auraient à jamais disparu ? Il faudrait alors considérer ces espèces comme éteintes. Concept peu commun et quelque peu déroutant : car, dans la brève durée d'une vie, et de mémoire d'homme, les apparences laissent penser que si les individus sont mortels, les espèces, elles, ne le sont pas. Mais, ici, parce qu'elles n'embrassent que le court laps de temps d'une existence humaine rapportée à l'énorme épaisseur des temps géologiques, nos communes perspectives sont prises en défaut, ainsi qu'en témoignent ces multiples fossiles d'animaux à jamais disparus parmi lesquels les dinosaures nous sont presque aussi familiers que s'ils broutaient encore nos prairies. Pourtant, tous se sont volatilisés voici quelque 65 millions d'années, faisant de la Terre non seulement le cimetière des individus que nous continuons à voir mourir, mais aussi la nécropole des espèces défuntes au fil de millions et de millions d'années.

L'histoire récente de la paléontologie nous enseigne que les espèces ne disparaissent pas au fur et à mesure que d'autres les remplacent, autrement dit au rythme « procréateur » de l'évolution biologique. La plupart s'éteignent, emportées par de véritables hécatombes périodiques dont cinq ont plus spécialement retenu l'attention des géologues, avec une mention particulière pour celle, gigantesque, qui aurait anéanti 90 % des espèces vivantes à la fin de l'ère primaire. Une autre aurait fait également des dégâts impressionnants à la charnière du secondaire et du tertiaire, annihilant notamment les dinosaures. Ainsi la chronique des espèces est-elle chaotique, non linéaire, et par là comparable à celle de la plupart des individus qui les constituent.

L'émergence puis le développement exponentiel de l'humanité ont créé une situation sans précédent : plus s'accentue sa pression sur la Nature, plus nombreuses sont les espèces menacées d'extinction. L'intervention de l'homme prendrait en somme le relais des cataclysmes géologiques et des grandes hécatombes survenus dans la nuit des temps.

L'Union internationale pour la Conservation de la Nature (UICN), en collaboration avec d'autres organismes spécialisés, tel par exemple le Fonds pour la Protection de la Vie sauvage (WWF), a, depuis plusieurs décennies, entrepris de dresser un état des lieux. Pour un grand nombre de pays, des listes d'espèces ont été publiées, où chacune est classée d'après son statut actuel : éteinte, en danger, vulnérable, rare, non menacée.

À consulter ces listes, il apparaît d'emblée que le degré de connaissance des flores varie considérablement selon les régions du monde : celles des zones tempérées, des climats de type méditerranéen (Bassin méditerranéen, Afrique du Sud, Australie, Californie) et de certaines îles sont bien mieux connues, par exemple, que celles de la ceinture intertropicale. Or les flores tropicales sont — et de loin ! — les plus riches et les plus diversifiées. Ainsi la minuscule île de Barocolorado, dans le canal de Panamá, possède-t-elle, avec 1 369 espèces sur 1 560 hectares, autant d'espèces que toute la Grande-Bretagne : un record ! Mais la Grande-Bretagne bat un autre record : celui du nombre des botanistes ou amateurs de plantes « éclairés ». Elle est sans nul doute la nation la plus botaniste du monde ! À l'inverse, les flores tropicales restent méconnues, et les spécialistes ne sont souvent que quelques-uns pour d'immenses territoires. On connaît à peine les 18 000 espèces (chiffre estimé) de la Bolivie, les 45 000 espèces (chiffre estimé) de la Colombie — dix fois plus que la flore française ! Or les deux tiers des plantes connues appartiennent à ces régions, dont une moitié à l'Amérique latine et l'autre à l'Ancien Monde.

Sur 250 000 espèces de plantes supérieures, un groupe de spécialistes estimait en 1985 que 60 000 auraient disparu en l'an 2050 si le rythme actuel des extinctions devait se poursuivre... Du jamais vu depuis 65 millions d'années ! Un quart des espèces végétales seraient ainsi anéanties du fait d'une multitude d'agressions parfaitement repérées, parmi lesquelles on peut citer pêle-mêle : le surpâturage, particulièrement manifeste en zones arides et dans les îles où des animaux domestiques ont été introduits et ont proliféré ; l'usage des pesticides et autres substances chimiques ; la destruction des forêts par le feu ou la tronçonneuse ; la généralisation des monocultures agraires ou forestières ; la construction de barrages hydroélectriques ; le drainage et la pollution des eaux ; les effets destructeurs de l'industrialisation et de l'urbanisation ; l'exploitation des mines et des carrières ; la construction de routes ou de chemins de fer ; la pression des touristes sur les littoraux ou en montagne ; les dégâts causés par les véhicules tout-terrain ; l'excès de piétinement ; la pression compétitive de plantes introduites ; la récolte de spécimens botaniques à propriétés pharmaceutiques, cosmétiques, ou celle de rhizomes ou de bulbes en vue de l'horticulture ; sans oublier les effets spontanés de l'affaiblissement des populations végétales qui perdent, en dessous d'un nombre minimum d'individus, tout pouvoir de se reproduire.

Dans la pratique, il n'est pas toujours facile de repérer la menace la plus immédiate, car, bien souvent, plusieurs facteurs agissent de concert pour précipiter la destruction des flores. Dans ce tour du monde des plantes en péril, nous avons choisi les exemples les plus significatifs et les plus probants, non sans bousculer quelque peu le lecteur par la nécessaire utilisation de noms latins indispensables à l'identification des espèces : ils seront systématiquement indiqués en note infrapaginale.

Cet ouvrage ne se veut nullement un catalogue exhaustif. Il prétend simplement attirer l'attention sur l'un des grands problèmes écologiques contemporains : le maintien de la biodiversité, c'est-à-dire de la riche diversité des espèces qui peuplent notre planète.

CHAPITRE PREMIER

Traque sur Internet

Si arbres en péril il y a, c'est bien d'abord du côté des plus vieux qu'il convient de les chercher.

Car plus un arbre est âgé, plus faible est à l'évidence son espérance de vie relictuelle. Mais de très vieux arbres vivants peuvent appartenir à des espèces encore toutes jeunes. Commençons donc par chercher les arbres les plus chenus avant d'explorer le sort des espèces déclinantes.

Quel est l'arbre le plus vieux du monde ? Et quel âge a-t-il ? Depuis quand détient-il son record de longévité ?

Pour tenter de répondre à ces questions, nous avons minutieusement décortiqué la bibliographie scientifique mondiale. Et nous avons aussi effectué une « traque » serrée sur *Internet* aux fins de tester ce fameux réseau qui s'est révélé fructueux par la richesse et l'abondance des archives consultées.

En matière de longévité des arbres, les records se sont succédé, puis sont tombés au fur et à mesure des nouvelles découvertes, mais aussi de la remise en question d'évaluations initiales jugées par trop optimistes. Aussi convient-il de recevoir avec circonspection les informations publiées dans les classiques « livres des records », fussent-ils fort bien documentés.

Le record des records, toutes catégories confondues, appartenait, disait-on, à un petit arbuste en forme de palmier poussant en Australie, le *Macrozamia*. Sa croissance extrêmement lente avait conduit les botanistes locaux à attribuer à quelques vénérables spécimens 12 000 ans d'âge. C'est ainsi que notre *Macrozamia* parvint à détenir — quoique le fait fût controversé — le record absolu de longévité de tous les êtres vivants. Puis l'on s'avisa que les méthodes de datation mises en œuvre pour estimer l'âge de ces arbres étaient gravement erronées.

Le tout provisoire record supposé du *Macrozamia* remontait au milieu du XXe siècle ; les précédents records dataient, eux, des XVIIIe et XIXe siècles. En 1799, le grand explorateur-botaniste allemand

Alexander von Humboldt s'était déclaré stupéfait par les dragonniers géants des Canaries [1]. Il avait avancé pour ces grands arbres, dont chacun ressemble à un gigantesque bouquet de *Dracaena*, un âge de 8 000 ans. Mais ce record a été largement revu à la baisse depuis lors : le dragonnier d'Icod, sur l'île de Ténériffe, n'est plus gratifié aujourd'hui que de quelque 2 000 ans, ce qui, on en conviendra, n'est déjà pas si mal.

Les baobabs connurent également au siècle dernier leur heure de gloire. Robert Bourdu [2] rapporte les premières observations du botaniste français Adanson qui visita les îles Magdelene, au large du cap Vert, en 1749. Adanson y découvrit deux gigantesques baobabs portant sur leur écorce des noms gravés par des marins européens qui les avaient déjà découverts aux XVe et XVIe siècles. Il se livra alors à de savants calculs, évalua leur croissance annuelle moyenne en comparant des individus plus jeunes à ces patriarches, et finit par attribuer aux deux arbres, aujourd'hui disparus, l'âge de 5 150 ans. Tel fut donc le

---

1. *Dracaena draco*. Agavacées.
2. Robert Bourdu, *Arbres souverains*, Éd. Du May, 1988.

record supposé de longévité des arbres au XVIIIe siècle.

La datation d'Adanson suscita une vigoureuse controverse de Livingstone, l'explorateur missionnaire écossais qui, à partir d'une lecture savante de la Bible, avait fixé la date du Déluge à –4 004 ans. Le Déluge n'aurait-il pas emporté ces deux baobabs si ceux-ci lui avaient été antérieurs ? Ne pouvant accepter pareille hypothèse, le pieux Livingstone gratifia ces arbres de 4 000 ans. Entre-temps, les deux baobabs ont disparu et des mesures plus récentes et plus fiables, établies à partir d'autres spécimens célèbres — celui de Livingstone, précisément, à Shiramba, au Zimbabwe —, montrent que l'âge de ces arbres n'excède jamais 2 000 ans.

Ainsi sont tombés successivement le record du XVIIIe siècle appartenant aux baobabs, le record du XIXe siècle décerné aux dragonniers canariens, et l'un des records du XXe siècle attribué au *Macrozamia*.

Ce fut alors au tour des séquoias californiens d'entrer en scène. Les botanistes pensaient que ces derniers, puisqu'ils étaient les arbres les plus gros, devaient aussi être les plus vieux. On leur attribua 4 000 ans. Mais ce record dut être à deux reprises revu à la baisse, passant d'abord à 3 500 ans, puis à 2 500 ans. Il apparut alors que les cyprès géants des Andes chiliennes [1] faisaient beaucoup mieux que les séquoias avec des âges de l'ordre de 3 000 à 4 000 ans. Trois millénaires, c'est aussi la longévité maximale des cèdres du Liban [2] dont on peut voir encore de très vieux exemplaires dans les monts Taurus, au sud de la Turquie. Ces derniers sont contemporains de Salomon qui mit à mal les forêts pour construire le temple de Jérusalem dont toutes les boiseries étaient en cèdre [3].

Reste le très énigmatique cyprès chauve [4] de Santa Maria de Tulé, tout près d'Oaxaca, au Mexique. Cet arbre obèse, qui pousse au centre du village, sur la place de l'église, possède un tronc mesurant environ 40 mètres de circonférence. Lorsque tous les enfants de l'école se donnent la main, ils ne sont pas encore assez nombreux pour en faire le tour !... Si cet arbre détient sans nul doute le record du tronc le plus gros, son âge reste problématique. « *El gigante* » — c'est le nom que la population locale lui donne — avait d'abord été taxé de dix mille ans d'âge ; un âge qu'on ne connaîtra sans

---

1. *Fitzroya cupressoïdes*. Cupressacées.
2. *Cedrus libani. Pinaceae.*
3. Voir à ce sujet mon ouvrage *Le Tour du monde d'un écologiste*, Fayard, 1989.
4. *Taxodium mucronatum*. Taxodiacées.

doute jamais, car le tronc actuel semble être le résultat de la fusion de plusieurs arbres ou rejets. Il possède en effet différents cœurs, ce qui interdit toute détermination précise fondée sur le nombre des anneaux du bois ; les évaluations actuelles oscillent entre 1 500 et 4 000 ans.

Mais il est un autre record, celui du plus vieil arbre daté avec précision par son « acte de naissance ». Ce record appartient à un figuier banian d'Anurādhapura, à Ceylan. Il a été planté sous la forme d'une bouture venue de l'Inde en 268 avant Jésus-Christ, et vit toujours.

Il a cependant fallu attendre la deuxième moitié du XXe siècle pour que la barre des 4 000 ans soit franchie par un pin californien, *outsider* récent mais, à coup sûr, *recordman* de longévité des arbres, toutes catégories confondues.

CHAPITRE 2

L'arbre le plus vieux du monde

L'Amérique est la terre des records : tout y est meilleur et plus beau qu'ailleurs — du moins est-ce ce qu'elle-même croit et proclame ! Et que dire alors de la Californie, cette Amérique de l'Amérique ?

Là, des conifères nous attendent. Des pins, cette fois. Prétendre qu'ils nous attendent est certes beaucoup dire, car ils nous attendent en vérité depuis fort longtemps : ces arbres ont en effet le double privilège de manifester une longévité exceptionnelle et de persister, quasiment momifiés par leur propre résine, pendant des millénaires après leur mort, sans subir la décomposition et la corruption, destin ordinaire des êtres vivants.

Bien longtemps avant que l'homme blanc n'atteigne les rivages du Pacifique, les indiens Paiutes parcouraient déjà les confins de la Californie et du Nevada. Chasseurs de cerfs et de moutons sauvages, ils récoltaient aussi des graines de pin, élément essentiel de leur subsistance. Cette cueillette, ils l'effectuaient sur les montagnes dolomitiques du massif des White Mountains : une chaîne orientée nord-sud et culminant à 4 342 mètres d'altitude. Ces pins ont été baptisés par les botanistes en 1970 « Pins à longue vie[1] » et sont plus couramment désignés comme des *Bristlecone Pines*, dénomination évoquant les pointes longues, fines et hérissées qui prolongent les écailles de leurs pommes.

Curieusement, il a fallu attendre les années 1954-1955 pour que ces pins fassent tomber le record de longévité solidement détenu jusque-là par les séquoias californiens, lesquels durent dès lors se contenter du record de taille, de poids et de volume. Leur entrée dans le club très *select* des arbres détenteurs de records mondiaux fut le fait d'un chercheur de l'Université d'Arizona, Edmund Schulman.

Schulman avait acquis une grande habileté dans l'art de dater les arbres en comptant sur la coupe de leur tronc ou sur des carottages le nombre de leurs anneaux.

1. *Pinus longaeva. Pinaceae.*

Le principe consiste en fait non seulement à compter ces anneaux, mais à les comparer. Chaque anneau correspond à la croissance d'une année, du moins en région tempérée où il est aisé de distinguer deux saisons et où la croissance, pour cette raison, est discontinue. Les anneaux les plus épais correspondent à des années plus humides, au climat plus favorable à la croissance. C'est naturellement l'inverse pour les anneaux étroits, correspondant à des saisons peu favorables, souvent fort sèches. Bien entendu, cette faculté d'établir la fiche de croissance des arbres par observation et numérotation de leurs anneaux successifs n'est pas valable dans les pays tropicaux où leur croissance est continue et où aucun anneau n'apparaît donc sur les troncs ; elle n'est pas valable non plus pour des arbres dont les modes de croissance sont différents, tels par exemple les palmiers, qui ne forment jamais d'anneaux et qui, pour cette raison, se laissent difficilement dater. Sans doute, toujours pour cette même raison, ne connaîtra-t-on jamais l'âge exact du dragonnier millénaire d'Icod, sur l'île de Ténériffe, aux Canaries.

Quoi qu'il en soit, la dendrochronologie, science de la datation des arbres, apparaissait déjà, dans les premières années de l'après-guerre, comme une méthode d'investigation extrêmement précieuse pour évaluer avec précision l'âge des arbres et l'évolution des climats dans lesquels ils avaient effectué leur croissance.

C'est, semble-t-il, en prêtant attention à une rumeur constante que Schulman s'arrêta en 1953 dans les White Mountains où il découvrit, de fait, de très vieux arbres. Il y repéra notamment un spécimen monumental dont la circonférence atteignait 10,9 mètres. Les habitants du cru l'avaient pour cette raison baptisé « le Patriarche ». L'arbre, dûment carotté, ne tarda pas à avouer son âge : 1 500 ans ! Un âge vénérable, plus important que celui des autres espèces de pin étudiées jusque-là par l'auteur. Schulman décida donc de consacrer ses prochaines missions sur le terrain aux *Bristlecone Pines*.

Durant les deux années suivantes (1954 et 1955), des recherches intensives furent menées entre la Californie et le Colorado. Notre chercheur découvrit les arbres les plus vieux à des altitudes comprises entre 3 000 et 3 350 mètres. Ces arbres manifestaient une étrange particularité dans leur conformation : leur tronc laissait apparaître de larges surfaces de bois mort désécorcé et nu. Seules subsistaient de minces bandelettes d'écorce vivante. Bref, ces troncs presque entièrement dénudés ressemblaient à ceux des eucalyptus, lesquels répandent spontanément une bonne partie de leur écorce qui jonche le sol. Mal irrigué, en raison du manque d'écorce, le pin ne possède plus alors que quelques branches vivantes, le reste étant réduit à l'état de squelette.

Il apparut bientôt que les arbres poussant dans les conditions les plus extrêmes, sur des sols nus bénéficiant d'une très faible humidité, étaient en fait les plus âgés. Plusieurs spécimens furent datés de 3 000 à 4 000 ans. Le premier dont l'âge dépassait les 4 000 ans fut nommé « pin alpha ».

Deux ans plus tard, en 1957, un arbre de 4 723 ans fut découvert et baptisé « Mathusalem » ; son record n'a pas encore été dépassé : il reste donc aujourd'hui le plus vieil arbre vivant connu à la surface du globe.

On rapporte que Schulman fut extrêmement impressionné par l'âge de ces arbres. Il n'eut cependant point la chance de pouvoir leur envier leurs extraordinaires records de longévité, car lui-même succomba à une crise cardiaque à l'âge de 49 ans. La même année, à sa mémoire, le Service des Forêts des États-Unis établit une aire sauvegardée.

Ces observations de terrain et les enquêtes dendrochronologiques qu'elles engendrèrent appellent plusieurs réflexions.

La première est qu'il convient de ne pas se fier à l'idée que l'arbre le plus ancien devrait aussi être tout naturellement le plus gros. D'où l'effervescence constatée à l'époque autour du Patriarche dont l'âge somme toute modeste dans la catégorie des *Bristlecone Pines* — 1 500 ans — se révèle être plutôt celui d'un simple prophète ! Le Patriarche est un arbre bien en chair et très vert ; il semble illustrer une règle, qui s'applique aussi à notre espèce, selon laquelle ce ne sont jamais les plus gros qui atteignent les âges les plus avancés ! Dans l'espèce humaine, les records de longévité — en tout cas, pour ce qui est de l'Europe — semblent appartenir aux paysans décharnés et hiératiques de l'île de Crète. L'obésité semble y faire défaut ; le régime alimentaire typiquement méditerranéen, où l'huile d'olive et l'huile de noix tiennent un rôle si important, n'est sans doute pas étranger à ces belles performances. De la même manière, les pins *longaeva* les plus anciens sont aussi ceux dont le physique est le plus marqué par l'âge : ils sont bossus, hâves, étiques, dégingandés, et paraissent arthritiques. Étonnante convergence de forme entre ces vieux pins millénaires et les « anciens » des rivages de la Méditerranée que l'on voit le jour durant deviser placidement sur un banc, quand ce n'est pas murés dans un mutisme total.

La vie de ces pins sur les escarpements des White Mountains illustre une parfaite réussite adaptative, un heureux équilibre entre l'être vivant et son environnement. À l'altitude où ils poussent — au-dessus de 3 000 mètres —, les vents humides drossés à partir du Pacifique se sont déjà singulièrement asséchés sur les deux lignes d'obstacles que représentent la chaîne côtière et, au-delà à l'Est, la sierra Nevada. Les White Mountains sont le troisième obstacle à franchir et les ressources pluviométriques disponibles y sont déjà singulièrement appauvries, en tout cas inférieures à 30 centimètres par an ; la plupart d'entre elles se manifestent d'ailleurs sous forme de neige en hiver. Très caractéristique aussi est le degré d'extrême sécheresse de l'air, considéré comme un quasi-record pour le monde entier. La faiblesse des précipitations, le faible degré hygrométrique de l'air, la très grande pauvreté des sols, l'absence, dans ces conditions, des décomposeurs habituels que sont les bactéries et les champignons, les fortes variations de température entre le jour et la nuit, tout converge pour faire de ces stations des sortes de sanctuaires de la Vie dans ses conditions extrêmes — voire de la Mort, puisqu'on y observe de nombreux arbres secs, encore dressés ou déjà renversés.

Ceux-ci ont fait à leur tour l'objet de datations dendrochronologiques. Mais il faut, dans ce cas, réussir à faire coïncider les séries d'anneaux repérés sur les arbres vivants avec les mêmes séries apparaissant sur les coupes ou les carottes des arbres morts. Ces anneaux, étroits ou larges, sont disposés exactement dans le même ordre et correspondent aux mêmes années vécues en commun par l'arbre encore sur pied et par celui déjà couché. Bref, une série d'anneaux est commune aux deux sortes d'arbres ; elle constitue la « zone de calage ». Lorsque cet ajustement est obtenu, les cernes de l'arbre mort viennent s'inscrire en *continuum* de ceux des vivants ; l'on peut ainsi remonter encore plus loin dans le temps pour évaluer l'évolution des climats anciens de Californie. Cet exercice a pu actuellement être conduit jusqu'à – 9 000 ans. Eu égard au matériel mort disponible et non encore traité, on espère pouvoir remonter à – 10 000 ans, c'est-à-dire à l'époque immédiatement postglaciaire où le climat a subi des modifications très importantes que ces datations devraient permettre de comprendre et d'expliquer.

Curieusement, la sévérité des conditions de vie dans ces montagnes élimine pratiquement toute autre végétation. Le sol est nu, couvert d'aiguilles, sans herbe ni arbuste. Les pins forment une population quasi pure, cas de figure fort rare en écologie.

Mais l'histoire des *Bristlecone Pines* ne devait pas s'arrêter là. À l'opposé des White Mountains, frontière naturelle entre le Nevada et la Californie, se trouve la chaîne du Wheeler Peak qui, dans les Snake Ranges, culmine à 3 981 mètres et dessine la frontière du Nevada et de l'Utah. Là vivent également de colossales populations de *Bristlecone Pines*. Ceux-ci n'avaient guère éveillé la curiosité des scientifiques jusqu'en 1957, date à laquelle Schulman découvrit les vieux pins des White Mountains. L'État du Nevada prit alors les choses en main et réclama que l'on mît en œuvre une politique de protection préludant à la création d'un Parc national. Le conservateur forestier Darwin Lambert déploya de grands efforts pour obtenir de l'État et de l'Université des crédits en vue de l'étude de cette station, qu'il jugeait prometteuse. Il repéra même des arbres particulièrement impressionnants, lesquels furent aussitôt baptisés « Bouddha », « Socrate » ou « Prométhée »...

Darwin Lambert et ses amis durent essuyer plusieurs revers, mais ne se découragèrent pas pour autant. Et c'est alors qu'intervint un épisode extraordinaire, comme seuls les Américains savent parfois nous en fournir : Lambert tomba par hasard sur une histoire qui avait échappé aussi bien au public qu'au monde de la conservation. En 1964, un jeune géographe, travaillant en compagnie d'autres chercheurs sur le glacier du Wheeler Peak, fut intrigué par les populations de *Bristlecone Pines*. Il pratiqua des carottages dans les troncs et découvrit un spécimen dont l'âge dépassait 4 000 ans. Dans l'excitation générale qui suivit cette découverte, les chercheurs cassèrent par mégarde leur outil de carottage ; la saison s'achevait et ils eurent l'idée saugrenue de demander au Service des Forêts des États-Unis la permission de tronçonner purement et simplement l'arbre en question. Or cet arbre, c'était justement « Prométhée » ! L'arbre ainsi abattu révéla 4 844 anneaux, donc autant d'années... Bref, l'étudiant en question avait juste réussi à mettre à mort le plus vieil arbre du monde ! Un arbre que d'autres dendrochronologistes vieillirent encore, puisqu'ils lui accordèrent l'âge de 4 950 ans...

Il fallut un certain temps pour que la nouvelle de la mort de « Prométhée » se répandît à travers les États-Unis, ce qui amena l'US Forest Service à prêter désormais un plus grand intérêt à la préservation des *Bristlecone Pines*. Les scientifiques prirent notamment conscience de l'intérêt du bois mort, lequel peut rester en l'état pendant des milliers d'années ; on décida de lui reconnaître une valeur égale à celle des arbres vivants. Quant au malheureux « Prométhée », il fut promu au rang de martyr de la lutte pour le sauvetage des autres grands anciens.

La mort de « Prométhée » acquit une portée symbolique ; elle entraîna un fort mouvement d'opinion qui aboutit en 1986 à la création du Parc national du Grand Bassin, heureux épilogue du long processus entamé plus de vingt ans auparavant par les scientifiques de l'Université du Nevada.

Mais, au fur et à mesure que se développait l'intérêt pour ces pins remarquables, la fréquentation des sites ne cessa de croître, mettant en péril la régénération spontanée des pins par suite du piétinement trop intense qui tasse le sol et risque d'asphyxier les jeunes pousses. Il fallut donc prendre des mesures pour éviter une trop forte pression des touristes et autres visiteurs sur le site. Chaque visiteur constitue en soi une menace, et c'est pour cette raison que « Mathusalem », avec ses 4 723 ans — actuel record absolu, mais qui n'attend que de tomber à son tour —, n'est pas nommément désigné et ne se distingue pas des autres pins qui l'entourent. Seuls les initiés y ont ainsi accès.

4 723 ans en 1957 ! Voilà un arbre dont les jeunes pousses couvraient déjà les White Mountains à l'époque où les Pharaons de la quatrième dynastie s'apprêtaient à construire les trois prestigieuses pyramides de Chéops, Chéphren et Mykérinos. À la naissance du Christ, « Mathusalem » avait déjà 2 600 ans ; il passera le cap du troisième millénaire à 4 767 ans... Mais si les références pharaoniques et chrétiennes de sa jeunesse et de son âge mûr semblent s'imposer, quelle référence originale retenir pour sa vieillesse ? Dira-t-on plus tard que, dans son très grand âge, il a vu la désintégration de l'atome et la catastrophe de Tchernobyl ? Dira-t-on plutôt qu'il a vu l'homme s'envoler et se poser sur la Lune ? Dira-t-on même qu'il l'aura vu s'arracher à la gravitation de la planète pour aller explorer les sols indécis et inhospitaliers de Mars ? Bref, que sur ses très

vieux jours il aura vu l'humanité s'extraire d'un bond gigantesque à son berceau pour marquer une nouvelle et grande étape de son aventure cosmique ?

Les *Bristlecone Pines* nous parlent du passé, mais, comme nous, ignorent l'avenir. Mais d'où vient donc leur extraordinaire capacité à s'adapter à des conditions aussi sévères et à battre de tels records de longévité ? Sans doute à cette aptitude qui leur est propre, grâce au désécorçage de leur tronc qui annule l'irrigation de pans entiers de l'arbre, de continuer à vivre... aux trois quarts morts ! Les plus vieux d'entre eux sont à proprement parler des morts vivants. Et c'est par un quasi-fondu enchaîné que l'on passe d'arbres qui ne comptent plus que quelques branches vertes à d'autres déjà franchement crevés, quoique toujours dressés sur le terrain : debout d'abord, en attendant, bien plus tard, d'être chavirés par les vents. Du faîte de ces derniers, cent siècles nous contemplent !

Extraordinaire leçon de bonne gestion de l'énergie vitale : plus on l'économise, comme font ces arbres, plus on tient longtemps.

En dépit de ce jeu émouvant entre la vie et la mort, les graines de ces pins se révèlent exceptionnellement vigoureuses et compétitives, de sorte que les germinations sont abondantes et la régénération tout à fait satisfaisante. Le seul danger que courent en fait ces populations de pins est l'intérêt majeur qu'elles présentent désormais pour les touristes qui aiment à récolter leurs cônes et gênent la régénération par leur piétinement.

Pourtant, ces populations, abondantes et saines, ne courent pas de risques immédiats. Gageons que les *Bristlecone Pines* dresseront encore longtemps leur profil de rhumatisants souffreteux aux flancs des White Mountains.

Quant à leur record, c'est une autre affaire : il est d'ores et déjà contesté par de petits buissons qui poussent quasiment à leurs pieds dans le désert Mojave : l'arbre à créosote.

CHAPITRE 3

L'arbre à créosote ou la chute d'un record

Pas très loin des White Mountains, à 500 kilomètres au sud, s'étendent les vastes déserts Mojave et de l'Arizona. Parmi les plantes vivaces répertoriées dans ces milieux arides et inhospitaliers, figure l'arbre à créosote [1], ainsi nommé en raison de son odeur singulière. Or, en 1980, le professeur Vasek, de l'Université de Californie, a attribué à certains de ces buissons des âges dépassant les... 10 000 ans !

Il s'agit en fait d'un arbuste buissonnant, toujours vert, pourvu de petites feuilles enduites d'un revêtement cireux, très odorant, localement utilisé comme traitement anti-infectieux.

---

1. *Larrea tridentata*. Zygophyllacées.

L'arbre à créosote n'est certes pas une plante en danger, plutôt une plante qui mettrait en danger ses voisines par son intense pouvoir de régénération. Des populations pures ont d'ailleurs pu être mises en évidence dans la nature, fait suffisamment rare pour être signalé.

L'arbre à créosote a un mode de développement très particulier : il produit de nouvelles branches à la périphérie d'une couronne à l'intérieur de laquelle les branches plus anciennes meurent ; l'ensemble forme des massifs circulaires autour d'une aire centrale qui s'évide. Avec l'âge, cette aire augmente au fur et à mesure que les buissons satellites se développent de plus en plus loin du centre. Dans le sol, la tige souterraine, d'abord compacte, se fissure, puis éclate, et chacun des éléments se déplace vers les bords tandis que le centre meurt lui aussi. Une croissance typiquement centrifuge pour les rameaux comme pour les vieux « chicots » souterrains. Ainsi l'individu initial se fragmente-t-il en plusieurs individus génétiquement identiques, puisque tous originaires de la même graine. Il s'agit d'un clone dont l'âge peut être évalué par rapport à la date de germination de la graine-mère. Mais comment la déterminer ?

Sur la base d'une croissance des tiges souterraines estimée en moyenne à 0,66 millimètre par an, un clone du désert Mojave dont le diamètre fait 22 mètres a vu son âge évalué à 11 700 ans. Il bat ainsi amplement les records établis par les pins des White Mountains. Toutefois, ces chiffres ont ensuite été revus à la baisse ; on estime en effet que la croissance a dû être un peu plus rapide durant sa jeunesse. On a donc obtenu une nouvelle évaluation pour le même clone : 9 400 ans. Ce qui a fait bénéficier du record un autre clone, de l'Arizona cette fois, remontant, lui, à 10 850 ans... Ces datations ont ensuite été confirmées par le carbone 14 et font aujourd'hui autorité.

10 850 ans : la fin de la dernière glaciation, la construction de la plus vieille ville du monde, Jéricho, 5 000 ans avant la mise en chantier des Pyramides ! Sans doute touche-t-on là aux records absolus de longévité d'un être vivant. Les malheureuses tortues qui, avec 150 à 200 ans au maximum, semblent détenir le record de longévité des vertébrés, font bien pâle figure à côté de ces arbres à créosote qui, à l'instar des pins des White Mountains, poussent dans des milieux extrêmement sévères auxquels ils se montrent remarquablement adaptés. Dans leur cas aussi, la longévité

est liée à la capacité de contraction et de rétraction des tissus vivants, comme pour ces vieillards recroquevillés, voûtés et tannés chez qui le grand âge semble être fonction d'une aptitude à se déshydrater, en quelque sorte à se concentrer sur soi-même.

Les recordmen du règne végétal, le « pin à longue vie » et l'arbre à créosote, ont un autre point commun : l'un comme l'autre jouent avec la mort. Le premier, on l'a vu, vit aux trois quarts crevé, les tissus vivants étant chez lui souvent en quantité très inférieure aux tissus déjà morts. L'arbre à créosote croît sur les bords de la couronne qu'il dessine dans le désert et meurt en son centre. S'il pousse toujours plus avant à la périphérie, cette croissance centrifuge s'exerce au prix de la mort des tissus plus anciens, vieux de plusieurs milliers d'années. Dans l'un et l'autre cas, le trépas d'une partie ne nuit pas à la survie du tout. Privilège typiquement végétal qu'on ne saurait constater chez les animaux. Mais aussi leçon à méditer dans nos sociétés ultramatérialistes où la vie ne semble pouvoir se déployer que sur un refus ou un escamotage de la mort. Or la Vie et la Mort sont comme les deux faces d'une même médaille que la foi transcende, du moins pour ceux qui croient à une vie après la mort...

Les analogies entre les pins et les arbres à créosote s'arrêtent là. Car les pins sont des individus uniques, tandis que les clones de *Larrea* sont une collection d'individus résultant de la scission et de la fragmentation d'un individu initial. Et parce que le clone est formé d'une collection d'individus qui ne saurait se confondre avec un spécimen isolé, l'individu le plus vieux du monde reste « Mathusalem ». Quant à l'arbre à créosote, s'il n'est peut-être pas le clone le plus ancien, il est en tout cas le seul de cet âge à avoir été daté à ce jour avec une quasi certitude.

Or ce record semble tomber au moment même où nous mettons sous presse. Le 18 octobre 1996, l'agence Reuters se faisait l'écho des déclarations de Stephen Harris du Service des parcs nationaux de Tasmanie en Australie. Un groupe de botanistes a découvert, dans un ravin retiré des montagnes sauvages du sud-ouest de l'île, une population d'arbustes [1] occupant une vaste surface et ayant d'abord été interprétée comme une association d'individus. Mais des recherches génétiques permettent aujourd'hui d'affirmer qu'il s'agit en fait de

1. *Lomatia tasmania*. Protéacées.

descendants d'un seul plant, qui ne se reproduisent que par clonage, faute de s'autoféconder et de donner des fruits et des graines.

Bref, tous les plants sont partie prenante d'un unique individu collectif, un clone ; et en se référant à des feuilles fossiles, ce clone a été daté de 40 000 ans. Il prendrait ainsi la place de l'arbre à créosote au Livre des records et, si son âge est exact et devait être confirmé, serait contemporain de l'humanité moderne, l'*Homo sapiens sapiens*. Plus étrange encore est le fait que ce clone est l'unique exemplaire connu de cette espèce de *Lomatia* tasmanienne, issu d'une seule et même graine ayant germé il y a 40 000 ans.

CHAPITRE 4

Le chêne et l'aubépine

Comparés à ces records multimillénaires, bien à la dimension du continent américain, les records de nos arbres de France font piètre figure. Empruntons à Robert Bourdu, conteur émérite, merveilleusement documenté, l'histoire de notre plus vieux chêne, que la Révolution menaça directement : celui d'Allouville-Bellefosse, en Seine-Maritime [1].

Nous sommes en 1793, année où les esprits s'échauffent et où les idées révolutionnaires crépitent à travers le royaume comme un feu de prairie. Jean-Baptiste Bonheur est en ce temps-là maître d'école à Allouville, près d'Yvetot, et bedeau de la

1. Robert Bourdu, « Le chêne de Bonheur », *Hommes et Plantes*, n°16, 1995-1996.

paroisse ; à ce titre, il a la garde de plusieurs curiosités botaniques détenues par celle-ci, en particulier quatre prodiges de la Nature : un labyrinthe, un hêtre, une aubépine et un vénérable chêne.

Le labyrinthe, qui occupe le verger du presbytère, fait la joie des jeunes mariés qui s'y égarent avec ravissement.

Le hêtre est de dimensions telles qu'on a pu aménager à 4 mètres du sol, sur des branches étirées horizontalement, une salle à manger avec table, chaises et tout le confort nécessaire pour accueillir seize convives. Les jeunes branches, qui se redressent verticalement, forment une cloison verte dans laquelle des fenêtres ont été percées. Rien ne vaut ces repas suspendus, égayés par les gazouillis des oiseaux !

L'aubépine est une sorte de modèle réduit du « hêtre-auberge » : sa salle à manger n'est perchée qu'à 3 mètres du sol et ne peut accueillir que douze personnes. Taille néanmoins fort impressionnante pour une aubépine ! Mais qui sait aujourd'hui qu'une aubépine est le plus vieil arbre de France ? Titre de noblesse qu'elle dispute aux vieux ifs des cimetières normands dont l'un, celui du cimetière d'Estry, en Calvados, est âgé de 1 600 ans... Un âge que dépasserait la formidable aubépine que l'on peut admirer sur la place de l'église de

Saint-Mars-sur-la-Futaie, en Mayenne. L'arbre se couvre chaque année d'une myriade de fleurs blanches, mais les traditions ne s'accordent pas sur l'âge à lui donner. Serait-elle, comme on le dit souvent, originaire du Iᵉʳ siècle, ou bien seulement, de manière plus vraisemblable, du IVᵉ ? Toujours est-il qu'elle était déjà célèbre en tant que symbole de pureté et de virginité au XIᵉ siècle. Mentionnée dans un texte de Geoffroy, conseiller de Louis le Gros, elle y est signalée en 1150 comme déjà remarquablement âgée... Avec près de 1 700 ans, elle est sans doute l'arbre le plus vieux de France. Comme elle se porte bien, elle pourra faire encore tomber bien des records...

Mais le clou des « monuments botaniques » de Jean-Baptiste Bonheur était à n'en pas douter le chêne. Non qu'il soit aussi vieux que l'aubépine de Saint-Mars, mais il est chargé d'une telle signification symbolique qu'on peut le considérer comme l'arbre le plus célèbre de France. Son feuillage devait être déjà fort développé au XIᵉ siècle lorsque Guillaume le Conquérant, cheminant avec ses troupes de Rouen à Harfleur, s'y abrita. À la fin du XVIᵉ siècle, il était si gros et si creux que la cavité de son tronc pouvait abriter, dit-on, pas moins de quarante enfants (chiffre sans doute quelque peu exagéré...). En 1696, le curé de la paroisse dédia ce chêne à Notre-Dame ; pour cela, il fit creuser dans le tronc de 15 mètres de circonférence deux chapelles superposées. La première est au ras du sol, la seconde est aménagée au-dessus et accessible par un escalier de bois qui enlace le tronc. Dès lors, ce chêne devint un lieu de dévotion.

Mais voilà : c'est maintenant la Révolution. Le curé, l'abbé Leclerc, est parti en exil, laissant à Jean-Baptiste Bonheur le soin de veiller sur toutes ces merveilles. Au paroxysme de l'excitation révolutionnaire, deux arbres ont été plantés : un arbre de la Liberté et un arbre de la Fraternité. On a naturellement choisi des peupliers, parce que leur nom évoque le peuple. Tout le monde dansa autour de ces arbres porteurs d'espérance pour le futur et, dans la liesse et l'agitation générales, on décida d'aller détruire les derniers témoins de l'antique pouvoir clérical. Le labyrinthe, qu'on brûla, n'y résista pas, pas plus que le hêtre et l'aubépine. Mais Jean-Baptiste Bonheur était un sage ; il savait que les girouettes tournent sur le clocher des églises dans le sens du vent. Prenant donc le vent, il eut l'idée de fixer sur son chêne une plaque l'intitulant « Temple de la Raison ». À vrai dire, le bedeau était un homme fort ingénieux : il avait prévu, le cas échéant, si quelque brutal retour de manivelle devait se produire, qu'il lui serait toujours loisible d'ajouter un « o » à « raison » pour faire de son temple celui de l'Oraison, puis de l'ôter à nouveau si cela devait se révéler nécessaire. Lorsque les brûleurs du hêtre et de l'aubépine arrivèrent devant le chêne d'Allouville, le voyant ainsi converti à l'idéal révolutionnaire, ils le célébrèrent d'un vibrant « *Ça ira, ça ira...* », et c'est ainsi que le chêne menacé passa le cap le plus périlleux de sa longue existence.

Étayé de toutes parts, vieux de 1 000 à 1 100 ans, c'est un vieillard malade qui ne saurait aujourd'hui dissimuler à personne son très grand âge ; chacun comprendra, à le voir tout perclus, qu'il a bien plus vécu qu'il ne vivra encore.

Le chêne de Bonheur, vieux d'un millénaire, bat-il tous les records de longévité des individus de son espèce ? Certes, en France même — mais d'une toute petite longueur —, il l'emporte pour ce qui est des chênes en se plaçant devant le chêne vert du domaine des Gourmettes, à Tourrette-sur-Loup (Alpes-Maritimes), ainsi que devant le chêne de Saint-Hillaire de Talvon, en Vendée, qui, tous deux, approchent les mille ans. Mais le record toutes catégories pour les chênes appartient à des individus qui, au Danemark, ont réussi à franchir la barre des 2 000 ans, comme le chêne Snoegen, près de Copenhague. C'est, dit-on, le plus vieil arbre d'Europe. À moins que ce titre n'appartienne à un if : celui qui pousse à Abersely, en Écosse, et qui atteindrait lui aussi l'âge vénérable de 2 000 ans.

L'Europe méditerranéenne n'est pas en reste. Au tableau des arbres les plus vieux d'Europe, il faut inscrire aussi les oliviers qui, rejetant de souche, forment des individus à croissance lente mais cumulative. L'olivier baptisé « le Roi des Rois », à Roquebrune-Cap-Martin, dans les Alpes-Maritimes, est ainsi considéré comme l'un des arbres les plus vieux d'Europe. Sa base de 20 mètres de circonférence absorbe les roches environnantes... Aux yeux de Robert Bourdu, cet arbre dont les rejets prolifèrent et s'enchevêtrent pour donner l'énorme masse actuelle tient davantage du ramas de sujets soudés entre eux que du spécimen parfaitement individualisé. Difficile, donc, de le dater, car on est ici à la frontière indécise du clone et de l'individu. Disons qu'il aurait entre 1 000 et 2 000 ans.

On s'interroge toujours sur les oliviers du Jardin de Gethsémani, à Jérusalem, où le Christ a entamé sa Passion. La plupart des auteurs estiment que les arbres actuels sont des rejets de souches déjà actives à l'époque de Jésus. Mais ils signalent aussi les destructions massives d'arbres exigées par Titus lors de la prise de Jérusalem, en 70 après le Christ.

De l'olivier au cyprès, il n'y a qu'un pas : ne dessinent-ils pas l'un et l'autre le cadre de tout paysage méditerranéen ? Or, des cyprès sahariens occupent actuellement l'avant-scène de la chronique écologique internationale. Pourquoi ?

CHAPITRE 5

Le cyprès du désert

Le désert s'étend à l'infini, déployant la majesté de son sol stérile et dénudé. Tandis que se devinent à l'Est les toutes premières lueurs de l'aube, le ciel légendaire du Sahara, éclaboussé de myriades d'étoiles, nous fait basculer dans une sorte d'ailleurs absolu. N'aurions-nous pas rejoint quelque planète lointaine ? Celle du Petit Prince, mais en beaucoup plus grand ?

Ici persistent encore les espaces immenses et sauvages d'une Terre qui ne renie pas son cousinage avec Mars, Mercure ou la Lune. Notre Terre, tout simplement, comme nous voudrions que nos enfants et les enfants de nos enfants puissent la voir encore d'ici quelques siècles, avant que la révolution technicienne n'envahisse et n'avilisse à son tour le Tassili des Ajjer.

Car nous sommes au Tassili, ce massif montagneux de l'extrême pointe orientale de l'Algérie, en ses confins avec la Libye. Sur un haut plateau de grès datant de l'ère primaire, très érodé et découpé en mosaïque, à une altitude variant de 1 500 à 2 000 mètres, quelle surprise de découvrir, piquetant en quelque sorte un univers presque entièrement minéral, des arbres : des arbres vivants, des cyprès !

Ces cyprès sont de découverte récente. Consacrant en 1868 une étude aux Touaregs, le géographe-explorateur Duveyrier émettait l'hypothèse que les linteaux de portes en bois qu'il avait observés sur place pouvaient laisser penser que le désert cachait çà ou là quelques « thuyas ». Il fallut attendre plus d'un demi-siècle pour que le capitaine Duprez, officier méhariste, chef de poste à Djanet, petite oasis située à 1 050 mètres d'altitude dans le piémont sud du Tassili, devînt le premier Européen à contempler ces fameux arbres qu'il identifia à des cyprès. Il communiqua le fruit de ses observations au professeur Maire, alors titulaire de la chaire de Botanique à la Faculté des Sciences d'Alger. L'information passa ainsi du « découvreur » au scientifique. En 1925, la mission Tunis-

Hoggar, conduite par M. Lavarden, rapporte une collection d'échantillons à partir desquels Mlle Aimée Camus décrit l'année suivante les caractéristiques botaniques de l'arbre. Elle le distingue soigneusement du très classique cyprès méditerranéen par plusieurs particularités concernant les rameaux, les cônes et les graines. Puis elle en publie la description dans le bulletin du Muséum national d'histoire naturelle de Paris. Elle dédie cet arbre « nouveau pour la science » — quoique fort ancien au Sahara — au capitaine Duprez, qui lui laissera désormais son nom [1].

Brève histoire qui illustre le processus classique de la naissance d'une espèce, non pas dans la Nature, mais dans les annales de la botanique internationale...

Le cyprès de Duprez vit en habitat dispersé, disséminé au fond d'oueds arides, sur un périmètre restreint d'environ 300 kilomètres carrés. Plusieurs estimations quant au volume de la population ont été effectuées ; la dernière date du mois d'avril 1961 et aboutissait au modeste chiffre total de 153 arbres vivants : à peine l'équivalent de deux vergers ! Plus surprenant encore est le fait que ceux-ci ne donnent jamais naissance à de jeunes plants de régénéra-

1. *Cupressus dupreziana.* Cupressacés.

tion, tout se passant comme si les spécimens vivants étaient condamnés à mourir très âgés, sans aucune descendance. Bref, au moment où cet arbre naît à la science, il est déjà sur le point de s'éteindre dans la Nature où les plus jeunes exemplaires repérés ont tous plus de 100 ans !

Le spécimen le plus imposant, le *Tin bellilit* — c'est-à-dire le majestueux, le prospère, le florissant —, possède une circonférence de plus de 9 mètres et s'élève à 18 mètres de haut : monarque inexorablement condamné de cette population restreinte qui arrive au terme de son existence terrestre.

L'absence totale de régénération au sol a beaucoup surpris les botanistes et donné lieu à de nombreuses hypothèses. Aujourd'hui, les spécimens les plus récents ont déjà un diamètre de l'ordre de 50 centimètres. En revanche, on ne décèle aucun « jeune » cyprès ; les rarissimes germinations observées coïncident avec des pics pluviométriques momentanés, par exemple après un violent orage ; mais la sécheresse qui s'impose à nouveau anéantit d'emblée ces maigres velléités de survie.

Deux séries de considérations, écologiques et climatologiques, ont été tour à tour invoquées pour expliquer l'extinction en cours de cette population sauvage. En premier lieu — et ceci semble déterminant —, les conditions d'existence initiales de ces cyprès ont changé avec l'assèchement du Sahara. Ces arbres sont en effet réputés vivre vieux, bien que plusieurs tentatives de datation par le dénombrement des anneaux de bois dans leur tronc aient échoué. Mais si on ne connaît pas leur âge exact, on sait en revanche que l'assèchement du Sahara se poursuit depuis des millénaires et que ce phénomène s'est accéléré depuis la décennie 1960, par suite de la sécheresse tenace qui sévit depuis lors. Actuellement, la pluviométrie du plateau d'Edehi, au Tassili, où poussent ces cyprès, ne doit guère dépasser les 3 centimètres d'eau par an (à comparer à nos 750 mm de moyenne en France). Cet assèchement du climat est allé de pair avec la chute de l'hygrométrie, donc le dessèchement de l'air. Or, plus l'air est sec, plus les écarts de température augmentent. Même au Sahara, ces cyprès sont condamnés à subir des chutes de température jusqu'à – 7° C durant les nuits d'hiver, froid auquel ils ne devaient pas être accoutumés dans leur enfance.

On conçoit que ces populations se réduisent comme une peau de chagrin au fur et à mesure que les conditions écologiques s'aggravent. Ces arbres vivent en effet à l'extrême limite de leurs possibilités, comme on le voit bien au fait que la quasi-totalité des individus survivent dans des oueds à sec, là où l'humidité disponible reste néanmoins maximale. On comprend mieux, dès lors, pour quelles raisons l'on retrouve des squelettes de cyprès morts en diverses stations du Sahara, y compris dans le Hoggar, attestant que l'aire de répartition de l'espèce fut jadis beaucoup plus étendue qu'elle ne l'est aujourd'hui. Car les conditions écologiques du Sahara comme celles des White Mountains, permettent durant des temps très longs le maintien en place des arbres morts, préservés de la pourriture par la pauvreté des populations microbiennes sous ce climat. On y dénombre aujourd'hui beaucoup plus de cyprès morts que de vivants, on s'étonne d'ailleurs qu'ils n'aient pas encore été coupés comme bois de feu par les Touaregs.

Mais il existe une autre preuve de la répartition jadis beaucoup plus importante du cyprès du Tassili au Sahara. C'est la présence en maints endroits de grains de pollen de ce cyprès ; la structure microscopique de ces grains permet de les distinguer aisément de ceux du cyprès méditerranéen, en vertu de cette règle surprenante de la botanique qui veut que chaque espèce végétale élabore un pollen dont les caractéristiques lui sont propres et permettent de l'identifier aussi sûrement que le font les empreintes digitales pour les humains. Or, dans plusieurs stations du Sahara central et septentrional, on trouve des grains de pollen de ce cyprès dans des excréments fossilisés datés au carbone 14 de 4 000 à 5 000 ans. À cette époque, le Sahara était nettement plus humide qu'aujourd'hui, puisque sa phase d'assèchement, continue depuis lors, ne faisait alors que s'amorcer.

Cette preuve illustre comment de grands changements climatiques entraînent dans leur sillage la mort des espèces arrivées à la limite de leurs capacités d'adaptation. Il faut donc admettre que les populations de cyprès de Duprez que nous voyons sont une espèce vivante arrivée peu à peu au terme de son histoire, à la veille de l'extinction.

À ces phénomènes naturels s'ajoutent des influences humaines : les Touaregs ont utilisé ce cyprès comme bois de construction à Djanet et à Ghat ; c'est d'ailleurs ainsi, on l'a vu, qu'il a été découvert. Il semble que les populations autochtones se désintéressent désormais de cette maigre ressource, quoique de nombreux arbres aient été mutilés et présentent des formes inattendues, particulièrement tourmentées. Le cyprès a aussi été utilisé comme bois de feu, et les animaux domestiques ont sans doute jadis précipité sa régression en broutant les jeunes plants au fur et à mesure de leur germination. Ce qui n'est plus le cas aujourd'hui, puisque ces jeunes plants, s'il en existe, périssent promptement du fait de la sécheresse. On voit ici comment l'homme et la Nature, marchant d'un même pas, concourent à l'appauvrissement botanique constaté dans tout le Sahara, mais plus particulièrement ici, dans le cas d'une espèce symbolique de son continuel assèchement.

Le cyprès de Duprez va-t-il mourir ? D'ores et déjà, on a pu constater que les spécimens morts sont plus nombreux que leurs homologues vivants.

Et pourtant, le cyprès de Duprez ne va pas mourir ! Son bois aromatique très dense, sa croissance lente — plus que celle de notre classique cyprès méditerranéen — en feraient un arbre d'usage fort apprécié en régions très arides. Aussi a-t-il été classé par l'Union internationale pour la Protection de la Nature parmi les douze espèces végétales à sauver de toute urgence. Dans ce but, des cyprès ont été largement plantés en divers jardins botaniques, notamment en zone méditerranéenne aride. Plus de

50 clones sont aujourd'hui recensés. Beau succès, lorsqu'on connaît la « réticence » des graines de cyprès à germer !

Il s'agit là d'un second facteur de déséquilibre, d'origine interne, cette fois, qui se traduit par une faculté germinative extrêmement diminuée. Si les arbres fructifient abondamment, le pourcentage des graines aptes à germer est faible. De nombreuses observations concordantes ont été réunies sur ce point, et sont corroborées par la relative stérilité des semences issues des pieds de cyprès de Duprez ayant fructifié au Liban. De même, la mission tchèque « Sahara 1975 » n'a pu, à son retour, faire germer qu'une graine sur cent. Nouvelle preuve de la sénilité de l'espèce : l'affaiblissement de son pouvoir germinatif est un signe de vieillissement qui ne trompe pas.

Il convient donc de tenter de revitaliser notre cyprès. Planté dans des régions à étés très secs et très chauds, avec des pointes de froid hivernal fort basses et sur des sols médiocres, il pourrait connaître, entre les mains des horticulteurs, une véritable seconde vie. En France, c'est l'objectif des chercheurs de l'INRA d'Antibes, qui ont collecté 285 individus constituant un véritable « verger à graines ». De même, aux États-Unis, certaines pépinières se révèlent plus promptes que d'autres à rendre sa vigueur et sa gloire au cyprès de Duprez. On imagine, par exemple, quel pourrait être son avenir au Moyen-Orient. En Arabie Saoudite, une tentative d'implantation a pour ainsi dire avorté d'emblée, le pépiniériste remplaçant au dernier moment les cyprès de Duprez par des cyprès méditerranéens importés de Beyrouth. Tous moururent dans les semaines qui suivirent leur plantation, comme il était facile de le prévoir, s'agissant d'une espèce bien connue, typiquement méditerranéenne, à laquelle le climat saoudien ne pouvait convenir.

Enfin, des tentatives de réimplantation *in situ*, au Tassili, furent tentées avec succès, semble-t-il, en 1981, par une équipe de chercheurs tchèques. De jeunes arbustes âgés de six ans ont été mis en place. Reste à savoir si leur reprise et leur croissance ont pu se confirmer depuis lors. Malheureusement, pour l'heure, nous n'en savons rien. Vont-ils tenir ? Vont-ils produire des graines ? Ces graines auront-elles un pouvoir germinatif suffisant ? Seul l'avenir le dira. Les Touaregs prendront peut-être sous leur protection ces arbres qu'ils connaissent si bien ? N'est-ce pas grâce à eux qu'ont été répertoriés les individus encore en vie actuellement ?

Marc Laferrère, auteur du recensement des cyprès ci-dessus évoqué, écrit à ce propos :

« Ma dernière randonnée d'avril 1961, accompagné du seul guide Sermi qui connaissait individuellement tous les *tarouts* [1], fut la plus fructueuse, sur le plan de l'inventaire, de toutes celles effectuées à travers le Tassili, même si mon guide était beaucoup plus absorbé par la recherche des traces et par l'approche de l'*oudad*, le mouflon à manchette… »

À l'instar du cyprès, le mouflon à manchette est une espèce menacée, aujourd'hui protégée dans la réserve naturelle de l'Aïr et du Ténéré, créée par le gouvernement du Niger en 1988 au sud du Tassili des Ajjer. On y trouve des espèces rares et très menacées comme l'addax, l'oryx algazelle, le mouflon à manchette, précisément, mais aussi la gazelle dama, la gazelle dorcas, le guépard et même l'autruche. On y a même trouvé en 1982, pour la première fois, une espèce extrêmement rare : la gazelle leptacère.

Ainsi, dans cette vaste région du Sahara central, animaux et plantes bénéficient-ils désormais de la bienveillante attention des

1. Nom targui du cyprès.

hommes. Va-t-elle suffire à sauver les espèces menacées ?

L'histoire du cyprès de Duprez est exemplaire à plus d'un titre. C'est d'abord une espèce très récemment mise au jour et décrite par les scientifiques, ce qui n'est guère fréquent parmi les espèces arborescentes, en général recensées moins tardivement. C'est, au surplus, une espèce découverte au moment de son imminente extinction dans la Nature. C'est, enfin, une espèce à fortes potentialités de culture en terre aride dans la mesure où sa tolérance à l'aridité est considérable. C'est donc, à ce titre, tout à la fois une espèce du passé et de l'avenir.

Il n'est, hélas, pas nécessaire de chercher bien loin pour trouver, toujours en Algérie, mais au nord, cette fois, des situations humaines qui évoquent singulièrement le sort du cyprès. Tel est en particulier le cas des communautés chrétiennes que la pression de groupes islamistes extrémistes ne cesse d'amenuiser chaque année d'avantage. Il ne poussait plus d'herbe, dit-on, après le passage d'Attila ; de même, après l'avancée du GIA, un groupement qui n'a hélas que peu de choses à voir avec la longue et belle tradition de tolérance de l'islam, on voit des communautés jadis florissantes s'étioler peu à peu, interdites de se renouveler et de s'épanouir. Sort analogue à celui des cyprès qui n'ont, eux non plus, plus d'autre avenir que l'extinction. Dans les deux cas, les conditions de vie ont changé, de plus en plus hostiles et inhospitalières. Dans les deux cas, le salut semble résider dans la fuite : le repli des chrétiens d'Algérie vers la France, l'acclimatation du cyprès dans des jardins botaniques éloignés de son aire d'origine.

CHAPITRE 6

Du « Viollet » et des violettes

Nous sommes en Lorraine ; je suis allé revoir, sur les éboulis calcaires de Pagny-la-Blanche-Côte, l'*Iberis* de Viollet [1].

Pagny-la-Blanche-Côte, la bien nommée puisqu'elle évoque cette côte de calcaire clair disposée en arc de cercle le long du cours de la modeste rivière du Chêtre, à mi-chemin entre Vaucouleurs et Domrémy-la-Pucelle. Nous sommes ici au géocentre du pays de Jeanne d'Arc. Une Jeanne qui jadis s'accrocha avec autant de force à sa mission historique que notre *Iberis* aux graviers mobiles qui déboulent de la colline.

L'*Iberis* de Viollet est une sorte de « corbeille d'argent » dont les petites fleurs blanches ou violettes sont disposées en

1. *Iberis violetti.* Brassicacées.

ombelles au haut de la tige. D'autres *Iberis*, ses cousines, peuplent volontiers les jardins de rocaille, témoignant de la même affection que celui-ci pour les substrats de cailloutis. C'est qu'en effet, l'*Iberis* de Viollet pousse directement sur la pierraille calcaire exposée plein sud, car il est avide de chaleur. Et une pierraille non stabilisée, puisque, avec une pente pouvant atteindre 45°, celle-ci glisse le long du talus et vient s'accumuler sur les bords de la route.

Notre *Iberis*, pour survivre sur ces éboulis instables et mobiles, doit donc s'accrocher fermement au substrat. Il le fait en allongeant démesurément sa tige, et surtout son système radiculaire : celui-ci plonge profondément dans le sol, à la recherche de zones où les éboulis sont mêlés d'éléments plus fins, capables de retenir l'eau. Les glissements des débris calcaires en surface entraînent la partie supérieure de la plante vers le bas, ce qui est rendu possible par une courbure caractéristique de la racine et de la tige. Ainsi la plante, toute en longueur, épouse-t-elle la forme de la côte : sa racine émerge, puis se courbe vers le bas, sa tige s'allonge, dévalant la pente, et ne se redresse que lorsque se forme la belle inflorescence violette. Jamais plus à propos que pour l'*Iberis* de

Viollet on ne pourra dire d'une plante qu'elle « épouse le terrain ».

Voici donc une plante qui parvient à s'adapter à un milieu instable et mouvant en « lâchant du lest ». Qu'elle se raidisse, qu'elle veuille à tout prix sauvegarder le port vertical, caractéristique des plantes avec racine en bas et tige en haut, et c'en serait fait d'elle : la mort par déracinement sanctionnerait cette incapacité de se « plier » aux circonstances. Mais l'*Iberis* ne se raidit pas ; il est souple, il épouse le terrain. Ses tiges, au lieu de s'élever verticalement, s'incurvent en suivant la pente. Il en est de lui comme des naufragés en difficulté à qui l'on conseille de faire la planche, de se fondre avec la mouvante surface des eaux plutôt que de tenter de résister en se débattant. Belle leçon de vie, en vérité, que celle de cet *Iberis* qui nous enseigne les bienfaits du « lâcher prise », l'art de laisser passer l'orage, de s'adapter aux aspérités de la vie plutôt que de tempêter. Un nouvel équilibre potentiel se dessine alors, que l'on n'aurait pas cru possible auparavant. Il suffit d'oser « s'abandonner »... pour s'apercevoir qu'on ne l'est pas !

Encore faut-il, comme le fait l'*Iberis*, plonger ses racines dans la « grande » profondeur. De ce point de vue, le patrimoine spirituel de l'humanité reste à la disposition de chacun, même si le bruit médiatique, l'explosion technologique, la promotion fracassante de l'« économie mondiale » pourraient nous le faire oublier...

Mais pourquoi avoir exposé ici les performances écologiques de l'*Iberis* de Viollet ? Tout simplement parce qu'il figure sur la liste relativement brève des « endémiques » de France, ces plantes qui *ne* poussent *que* dans notre pays. Mieux : il ne se rencontre qu'en Lorraine, et même qu'en Lorraine du sud, en quelques rares stations d'éboulis ou de carrières. Dans ces sites très particuliers, il peut exercer sa gymnastique adaptative là où quasiment aucune autre plante ne saurait vraiment se maintenir, faute d'avoir su déployer des stratégies analogues ou parallèles d'adaptation à la sévérité d'un milieu en pente raide et, qui plus est, mobile. Il existe bien, dans son voisinage immédiat, quelque trois ou quatre espèces qui ont développé des potentialités similaires, mais, l'exercice étant difficile, les efforts à mettre en œuvre pour « tenir » excluent, semble-t-il, tout supplément de dépense énergétique pour développer une rude compétition avec des voisins. Aussi chaque individu se contente-t-il de son propre combat contre ce milieu minéral, calcaire et instable, et ne va-t-il pas gêner la croissance des autres. Les plantes se tiennent à distance les unes des autres comme dans un désert et, vu la pauvreté des ressources, elles ne se superposent pas, ne se juxtaposent même pas. Il en résulte un très faible recouvrement du sol, de sorte qu'à distance, certaines parties de la « blanche côte » paraissent aussi nues, aussi dépourvues en végétation qu'une maigre steppe. D'où, d'ailleurs, ce nom de « blanche côte » : le calcaire y est apparent, car fort peu vêtu de plantes.

Une situation qui, toutefois, n'est pas généralisable. Dans les trois autres stations connues, non loin de Pagny-la-Blanche-Côte, la marée végétale, composée de pionniers de deuxième génération, gagne peu à peu du terrain, fixant les éboulis, stabilisant le substrat, privant ainsi notre *Iberis* de son milieu de prédilection. Aussi le Conservatoire des Sites lorrains a-t-il obtenu, à bail, la gestion de la station voisine de Chauvoncourt où il entend bien limiter la concurrence végétale par le désherbage et préserver ainsi la mobilité des éboulis calcaires, condition nécessaire à la survie de l'*Iberis*. À l'inverse, un creusement de carrière, comme à Champougny, ou l'aménagement d'une décharge pour gravats de déblais, comme à la carrière Jérémie, créent pour notre pauvre *Iberis* un péril inverse : celui de voir son milieu de prédilection disparaître purement et simplement dans le grondement des excavatrices. Plus d'éboulis, plus d'*Iberis* !

Tel est le sort d'une petite espèce, ou plutôt d'une sous-espèce — comme l'entendent aujourd'hui les botanistes — menacée çà et là, mais, au contraire, paradoxalement protégée par l'élargissement du tracé de la route reliant Pagny à Champougny : celui-ci a en effet entamé le bas de la côte et entraîné une reprise d'érosion relativement récente, donc une nouvelle déstabilisation du milieu, promettant ainsi de nouveaux beaux jours à notre *Iberis*. Car ce qui serait fatal à la plupart des espèces est heureux pour la nôtre, qui ne peut vivre que là où les autres souffriraient, dépériraient, disparaîtraient.

En écologie aussi, science des habitats des espèces vivantes, il est de nombreuses demeures en la maison de mère Nature. Ici, la maison — puisque tel est le sens du mot « écologie » — est toute petite, tout juste une maisonnette. Mais il arrive que même ce genre de maisonnette s'effondre. La plante est alors condamnée et va rejoindre le triste cortège des espèces éteintes, marquées du signe « ext » — pour *extinct* —, dans les répertoires internationaux de botanique. Cet « ext », accolé à son nom comme une croix, reste désormais le seul souvenir de cette espèce qui fut et ne sera plus...

Ainsi de la pauvre violette de Cry. C'était une violette semblable — mais non identique — à tant d'autres, qui poussait à proximité du petit village de Cry, dans l'Yonne. C'est là qu'on l'avait découverte en 1860 ; on lui donna un nom de baptême évoquant son origine géographique : *Viola cryana* [1]. Comme l'*Iberis* de Viollet, elle vivait sur des éboulis mobiles calcaires et en pleine lumière, réussissant à s'accrocher là où la pierraille se détache et roule au bas des talus. Depuis 1930, plus personne n'a jamais rencontré cette violette, en dépit des recherches menées sur le terrain par d'innombrables botanistes. Cette course à la station-miracle n'a pas abouti. Aussi la violette de Cry est-elle aujourd'hui classée sur les listes de plantes éteintes. Sans doute a-t-elle été détruite par l'influence conjointe de plusieurs facteurs : des récoltes excessives dues à sa rareté, une destruction de son milieu de vie par le creusement de carrières, et surtout le lent boisement des éboulis, peu à peu reconquis et fixés par la végétation au sein de laquelle elle est à son tour prise et étouffée. Tel est le sort funeste des pionniers qui, après avoir réussi les

1. Violacées.

tout premiers peuplements, sont généralement remplacés par des espèces plus compétitives et plus prolifiques. Pas seulement en botanique...

Bref, la violette de Cry a connu un destin plus sévère que l'*Iberis* de Viollet qui résiste toujours vaillamment à Pagny-la-Blanche-Côte.

Notre défunte violette a disparu de la surface du globe avant même que les botanistes ne se mettent d'accord sur son statut particulier, des doutes subsistant notamment sur sa position exacte dans le genre *Viola*. Les seuls échantillons d'herbiers détenus au Muséum national d'Histoire naturelle à Paris, cadavres desséchés de la plante, ne permettent pas de trancher entre ses affinités éventuelles avec d'autres violettes. On constate certes que ses feuilles sont glabres et un peu charnues, à la différence de celles de sa cousine, la violette de Rouen, qui vit pourtant dans des conditions et en des milieux analogues. Cette violette normande des éboulis calcaires des bords de Seine possède des graines douées d'une longue période de survie dans le sol ; aussi d'aucuns se sont-ils pris à espérer qu'il pourrait en aller de même de la violette de Cry. Dans ce cas, si l'on reconstituait par exemple des éboulis mobiles et bien éclairés au lieu-dit « Lary blanc », à

Cry, l'espèce morte réapparaîtrait peut-être après une éclipse de 70 ans ! Hypothèse en vérité tout à fait aléatoire et plus qu'improbable, même si de telles « résurrections », comme on le verra, se sont déjà produites.

Car la violette de Cry semble bel et bien avoir quitté à jamais le répertoire des êtres vivant en ce bas monde. Elle partage ce triste privilège avec une dizaine d'autres espèces de la flore française et figure avec elles dans les rubriques nécrologiques répertoriant les espèces défuntes de la planète. La France, qui compte au total plus de 4 600 espèces, s'en tire plutôt bien, comparée aux pays méditerranéens et davantage encore aux îles où le degré d'endémisme est très supérieur. En effet, les espèces endémiques, localisées sur des territoires bien circonscrits, en général plus fragiles, sont aussi plus directement menacées d'extinction. S'il fallait attribuer la palme des extinctions, c'est sans doute aux îles Hawaii qu'on la décernerait : on y connaît 273 espèces éteintes sur un total de 1 765. Lourd tribut payé à l'image d'îles paradisiaques à très forte pression touristique. Plus on construit, plus on nivelle, plus on aménage sur ces territoires restreints et escarpés à forte pression humaine, plus on détruit, consciemment ou non, des milieux fragiles, et des espèces vivantes que l'évolution et la Nature avaient mis, elles, des millions d'années à élaborer.

Entre les espèces éteintes et les espèces en voie d'extinction, la différence est parfois insensible. On estime que plusieurs centaines d'espèces au monde sont actuellement représentées par un seul, voire quelques individus dispersés souvent sur un seul site. Que celui-ci vienne à être détruit, par exemple faute de mesures de protection adéquates, et l'espèce disparaîtra en même temps à tout jamais. À moins qu'elle n'ait été entre-temps disséminée et cultivée dans les jardins et conservatoires botaniques reconvertis à cet effet. C'est le cas du cyprès de Duprez. Ce ne fut malheureusement pas celui de la violette de Cry.

Il est curieux de constater à quel point ces phénomènes sont encore méconnus du grand public. Une espèce éteinte ne produit aucune émotion, aucune information, puisque tout le monde l'ignore ; on n'imaginerait guère le Journal télévisé s'ouvrir sur l'image d'une espèce végétale qui se serait éteinte la veille au soir ! Encore, s'il s'agissait d'animaux, plus prompts à éveiller notre sensibilité. Mais des plantes... Pourtant, à chacune de ces extinctions, quelque chose de la Vie disparaît, et pour toujours. Jamais les espèces éteintes ne se reconstituent ; avec elles, c'est chaque fois une parcelle du patrimoine mondial qui se trouve sacrifiée.

À quelques centaines de kilomètres de l'Yonne, dans la région de Rouen, voici encore une petite violette nettement plus velue que la précédente. Ses fleurs ont des pétales violets à base jaune rayée de noir, terminés par un éperon renflé à son extrémité. En fait, cette violette de Rouen présente le dichromatisme violet et jaune caractéristique de cette tribu de violettes qu'on appelle les pensées. Endémique de Haute-Normandie, la violette de Rouen, qui porte le nom latin de la ville — *Viola rothomagensis* —, possède une aire de distribution très restreinte : on ne la trouve qu'à Saint-Adrien, à dix kilomètres en amont de Rouen, et à Amfreville-sous-les-Monts, localité située un peu en amont du confluent de la Seine et de l'Andelle. On dénombre au total quatre stations, dont trois aux environs d'Amfreville, et à peu près deux cents individus.

Étrange écologie que celle de cette petite violette qui semble encore accuser les caractères de l'*Iberis* de Viollet — notez l'homonymie — et de feu la violette de Cry. Même milieu, même mode de vie, même statut de pionnière. Elle illustre mieux encore que les deux espèces précédentes le fait qu'elles toutes ne peuvent tenir dans leurs habitats que si ceux-ci ne se stabilisent pas. L'évolution spontanée de l'écosystème, qui tend peu à peu à s'immobiliser, entraîne donc à terme sa mort, car un habitat moins instable est aussitôt colonisé par de nouvelles espèces dont elle ne supporte pas la concurrence. Bref, elle ne peut vivre que là où aucune autre plante ne survit, et vice versa. Aussi donne-t-on au milieu où vivent ces violettes quelques petits « coups de pouce » en créant, par décapage des pentes et des talus crayeux, des biotopes « bien éboulés », qui lui sont donc favorables à proximité des stations existantes. L'exploitation modérée de petites carrières peut aboutir aussi à la constitution de milieux convenables. Il est probable que les menaces planant sur l'espèce soient encore accrues par les récolteurs de cette belle plante sauvage à l'allure de pensée — facteur qui a dû déjà fortement jouer dans la destruction irrévocable de la violette de Cry. Mais la violette de Rouen a eu plus de chances que sa cousine ; elle a même été introduite dans un site favorable de l'Eure où elle semble s'être installée et que les botanistes tiennent secret pour éviter toute récolte intempestive.

Les violettes de Cry, comme celles de Rouen, représentent des populations entièrement isolées, car liées à leur habitat particulier sur de minuscules fractions du territoire. Elles méritent le titre d'*endémiques* en ce que leur aire de distribution se réduit précisément à ces milieux très localisés. Ces territoires étant fort distants l'un de l'autre — environ 400 kilomètres —, il n'y avait aucun échange possible entre les deux espèces de violette, donc aucune possibilité d'hybridation entre elles (ce qui, de toute façon, est désormais parfaitement exclu du fait de la disparition de la violette de Cry). L'endémisme est donc significatif d'un isolement complet, et l'on comprend qu'il soit si fréquent dans les îles où l'évolution s'est poursuivie pendant des millions d'années à l'écart du continent, élaborant des modèles spécifiques, présents là et nulle part ailleurs.

Toutefois, à propos de ces trois plantes d'éboulis, une dernière question se pose : comment ces *Iberis* ou ces violettes réussissent-ils à se maintenir sur ces éboulis qu'une végétation appropriée finit pourtant, à la longue, par envahir, au point qu'il faille les réactiver de temps à autre pour maintenir et les uns et les autres ?

La réponse à cette question relève de l'histoire géologique récente. On sait qu'il y a 10 000 ans, à la fin des glaciations, de tels éboulis calcaires étaient plus abondants qu'aujourd'hui, de sorte que la répartition de ces plantes était elle aussi beaucoup plus large. Elle n'a cessé de s'amenuiser au fil des millénaires, au point que ces espèces doivent être considérées aujourd'hui comme de véritables reliques postglaciaires liées à des sites devenus rares et précaires. Par un étrange paradoxe, l'homme apparaît « à leurs yeux » tantôt comme un ennemi, tantôt comme un allié. Un ennemi lorsqu'il les récolte trop abondamment ou lorsqu'une carrière est creusée, détruisant totalement un site ; un allié lorsqu'un aménagement modeste (petites carrières, élargissement d'une route) remet en mouvement les éboulis. L'écologie, comme la vie qu'elle illustre, n'est pas économe de ce genre de paradoxes.

Voici maintenant les « fausses violettes » : elles ont l'allure des violettes, la couleur des violettes, elles portent le nom de violettes... mais ce ne sont pas des violettes ! Peut-être aura-t-on reconnu à cette description négative les caractéristiques du *Saintpaulia*, ou violette du Cap [1].

---

1. Elles appartiennent à la famille des *Gloxinia*, les Gesnériacées, du nom du botaniste allemand Gesner, et à l'espèce du *Saintpaulia ionantha*.

La plante pousse à l'état sauvage sur la chaîne côtière de l'Usambara, en Tanzanie. Elle a été si abondamment récoltée qu'elle est aujourd'hui très rare sur le terrain ; en revanche, c'est une des plantes ornementales parmi les plus courantes, facile d'entretien, présente dans la plupart des appartements d'amateurs de fleurs, en tout cas chez tous les fleuristes et dans tous les supermarchés. Cas typique d'une espèce littéralement passée sous la dépendance de l'homme en perdant ses habitudes de vie sauvage.

Or cette violette si couramment cultivée a quasiment perdu ses ancêtres naturels. Son histoire est hautement significative des modes de domestication des végétaux.

À l'origine, donc, cette petite plante ne vivait que dans les anfractuosités verticales des falaises des monts Usambara, partiellement ombragées par des arbres. En 1890, des religieuses en poste dans l'ex-Tanganyika, devenu aujourd'hui la Tanzanie, s'en retournèrent en Allemagne, leur pays d'origine, en rapportant avec elles quelques pieds de cette plante si semblable à la violette. À l'époque, ce végétal, que les scientifiques ignoraient encore totalement, fut décrit et baptisé du nom du gouverneur du pays, le baron Saint-Paul von Illaire. Mais le *Saintpaulia* mit encore quelques décennies avant de devenir populaire, à cause des difficultés rencontrées par ses premières tentatives de culture. Puis, brusquement, c'est le *boom* : un horticulteur de Californie du Sud, spécialisé dans la culture des orchidées, se met à le planter à grande échelle. C'est aussi à cette époque qu'on commence à créer de nombreuses variétés de cultivées, dérivant de l'unique espèce d'origine.

Une espèce qui, dans la nature, est aujourd'hui menacée en raison de la destruction systématique des forêts, donc des grands arbres qui l'ombragent et dont elle a besoin pour vivre. Ce *Saintpaulia* est en effet plus modeste et encore plus délicat que la violette. Il ne peut pousser que tapi dans des anfractuosités rocheuses très ombragées, à l'abri des regards. De plus, ses fleurs possèdent une particularité botanique très rare, qui consiste à enfouir parfois leur pistil sous terre pour y mûrir les fruits et les graines. Autre témoignage de modestie chez cette fleur qui, dans la nature, semble sans cesse vouloir se dérober. Humilité, certes. Mais peu d'humidité ! Telle est la règle d'or des *Saintpaulias*...

Dans de nombreuses régions du monde, en particulier en Tanzanie, la destruction de la forêt pour l'obtention de bois de chauffage crée des conditions écologiques nouvelles, particulièrement néfastes pour cette espèce éprise d'ombre. Ceux qui pratiquent la culture de la violette du Cap savent en outre qu'elle tolère mal un arrosage effectué sur son feuillage. C'est qu'en effet, fichée au flanc de falaises verticales, la plante ne retient pas l'eau de pluie sur ses feuilles d'où elle s'égoutte très rapidement. On retrouve dans certaines variétés horticoles ce même caractère écologique conservé de la plante d'origine et de son habitat.

Tels sont les enseignements écologiques que nous offrent violettes et plantes de couleur similaire à l'issue de ce parcours où l'on a vu, pour paraphraser l'Évangile, certaines espèces être prises, et d'autres laissées. À chacun d'apprécier à sa façon comment la pauvre violette « décédée » de Cry s'est fait prendre au jeu cruel des hommes, et comment le *Saintpaulia* nous a été laissé en échange pour fleurir de sa belle robe violette l'intimité de nos demeures.

CHAPITRE 7

La saga des tulipes

Les tulipes sont encore plus répandues que les *Saintpaulias* ; pourtant, leurs ancêtres sont aussi rares et menacés que ceux-ci. Elles ont connu aux Pays-Bas un engouement historique qu'aucun végétal jamais n'avait suscité. C'est aux Turcs que revient le privilège de les avoir, semble-t-il, les premiers domestiquées, alors qu'ils ne comptent dans leur flore qu'une seule espèce de tulipe endémique [1]... aujourd'hui éteinte ; mais ils en possèdent d'autres qui ne sont pas spécifiques à leur seul pays et qui ont été à l'origine des premières cultures.

En 1552, l'ambassadeur d'Autriche près la Sublime Porte est invité à de grandes fes-

1. *Tulipa sprengeri*. Liliacées

tivités de printemps qui se déroulent naturellement dans un jardin. Là, il découvre de somptueuses fleurs aux mille couleurs, panachées ou non. Seuls les bleus et les noirs font défaut. S'enquérant du nom de cette fleur, il apprend qu'elle s'appelle *tulbend*, nom persan signifiant « turban » ; la fleur a tiré son nom de sa ressemblance avec cette coiffure.

Tenté, l'ambassadeur réussit, en y mettant le prix, à acquérir plusieurs oignons qu'il ramène en Autriche. Quelques années plus tard, en 1559, le botaniste Conrad Gesner en donne la première description. C'est alors qu'intervient un de ses collègues français, Charles de Lécluse, qui s'était déjà manifesté par ses efforts, malheureusement vains, pour populariser la pomme de terre, venue un siècle plus tôt du Pérou. Lécluse, dit Clusius, envoie des graines de Vienne en France, mais aussi en Hollande au jardin botanique expérimental de Leyde.

Dès qu'elle apparut dans ce pays, la tulipe y déclencha une véritable « tulipomania » ; les amateurs de cette fleur se virent qualifier de « fous tulipiers ». Leur nombre augmentait de jour en jour. Flamands et Hollandais déboursèrent des sommes colossales pour la possession exclusive d'une seule variété. Les tulipes furent même cotées en bourse de Haarlem et certains oignons atteignirent des prix fabuleux : l'*Amiral Lieskens* valait plus de 4 000 florins-or ; la *Semper Augustus*, 2 000 florins-or ! Un jour, il ne resta plus de cette dernière que deux exemplaires, l'un à Haarlem, l'autre à Amsterdam ; on offrit pour l'un pas moins de 4 600 florins et une voiture attelée de deux chevaux frisons harnachés ; pour l'autre, douze arpents de terre... sans pourtant pouvoir les obtenir !

Le prix des tulipes devint proprement insensé. On raconte qu'à Lille, un amateur céda sa brasserie en pleine activité, estimée à 30 000 francs-or, pour un seul oignon appartenant à une variété qui, pour cette raison, fut baptisée « tulipe-brasserie » ! Plusieurs marchands abandonnèrent boutiques et commerces pour se consacrer exclusivement à la culture de cette plante. L'on dit même qu'un amateur fortuné donna en dot à sa fille un oignon de la variété qualifiée pour cette raison même de « mariage-de-ma-fille ».

Sans oublier, bien sûr, l'épisode de la « tulipe noire ». Un savetier de La Haye avait réussi à en obtenir une. La renommée de cette merveille végétale se répandit rapidement et, un matin, une délégation de la Société des Tulipiers de Haarlem vient frapper à sa porte. On marchande ; les offres montent jusqu'à 1 500 florins. À ce prix, le savetier consent à livrer sa chère tulipe, mais, à peine les représentants de la confédération l'ont-ils en main qu'ils la jettent à terre et l'écrasent pour éliminer toute concurrence : « Imbécile ! disent-ils au savetier. Nous l'avons trouvée, nous aussi, cette "tulipe noire", mais nous ne voulions point de rival ; c'est pourquoi nous venons de la détruire, car nous savons que le hasard ne te favorisera pas une seconde fois et que tous les soins que tu prodigueras à la culture de ton jardin ne t'en redonneront point une autre. Ainsi, si tu avais demandé 10 000 florins, tu les aurais eus. » Le savetier, dit-on, en mourut de chagrin...

Autre histoire extravagante que celle de ce marin fatigué d'attendre chez son armateur et qui, voyant des oignons posés sur une planche, eut l'idée de casser la croûte pour tuer le temps. Il tira un quignon de pain de sa poche, prit un oignon, mordit dedans, le trouva amer et le jeta ; il en prit un autre, et ainsi de suite jusqu'au onzième. L'armateur intervint trop tard pour interrompre ce repas frugal qui lui avait coûté la bagatelle de plus de 30 000 florins ! Le malheureux matelot avait assaisonné son déjeuner avec onze spécimens uniques d'oignons de tulipes.

La tulipe avait aussi ses ennemis. Ainsi d'un botaniste hollandais, Evrard Fortius, professeur de botanique à Leyden, qui abattait à coups de canne toutes celles qu'il rencontrait sur son chemin.

La Bruyère décrit ainsi dans *Les Caractères* le comportement d'un amateur :

« Il a un jardin dans le faubourg, il y court au lever du soleil et y revient à son coucher. Vous le voyez qui a pris racine au milieu de ses tulipes, et, devant *La Solitaire*, il ouvre de grands yeux, frotte ses mains, se baisse ; il la voit de plus près et ne l'a jamais vue si belle ; il a le cœur épanoui de joie. Il la quitte pour *L'Orientale*, de là il va à *La Veuve*, il passe au *Drap d'or*, de celle-ci à *l'Agathe* d'où il revient enfin à *La Solitaire*, où il se fixe, où il se lasse, où il s'assied, où il oublie de dîner... Il ne va pas plus loin que l'oignon de sa tulipe, qu'il ne livrerait pas pour mille écus. »

Mais toutes les modes ont une fin. Lorsque les Hollandais s'aventurèrent à introduire les oignons à la Bourse de Londres, ils se heurtèrent à un complet désintérêt des Anglais pour la fleur. La chose se sut rapidement et la nouvelle se propagea à la Bourse de Haarlem dont les cours s'effondrèrent : des milliers de gens se retrouvèrent subitement avec un ou plusieurs oignons désormais dépourvus de toute valeur marchande. De surcroît, la mode des jardins anglais se propageait ; elle détrôna les parterres et réduisit de ce fait la place réservée aux tulipes. En 1637, une loi votée au Parlement hollandais assimila le prix de la tulipe à celui des autres fleurs. La vogue était terminée. Mais la Hollande conserva cette fleur qui adore ses sols sablonneux et dont l'image devint indissociable de celle de ce pays. Des milliers de variétés furent créées au cours des quatre derniers siècles, qui firent de la fleur « turban » la petite reine de Hollande.

Il se trouve que le destin des tulipes sauvages évolua à rebours de celui de leurs cousines cultivées. Tandis que se multipliaient les variétés horticoles, les tulipes sauvages voyaient leurs populations régresser dans toute l'Europe, particulièrement en France. Quatorze espèces font en effet partie de la flore française, dont trois sont aujourd'hui éteintes. Toutes trois étaient spontanées dans le département de la Savoie où la Nature s'était en quelque sorte « spécialisée » dans les tulipes sauvages. Ainsi de la tulipe d'Aime[1] qui ne poussait que dans ce village, en Tarentaise, et qui n'a pas résisté, en 1974, aux lotissements de parcelles qui constituaient son

1. *Tulipa aximensis*. Liliacées

unique territoire, l'habitat de son unique population. Mais des bulbes avaient été prélevés au début du siècle et envoyés aux bulbiculteurs néerlandais qui la conservent en culture. La tulipe de Perrier[1], elle aussi localisée jadis près du village d'Aime, décidément dévolu aux tulipes, a fait l'objet de prélèvements intempestifs d'amateurs qui, au cours des années 1960, ont eu raison de cette espèce aujourd'hui disparue. Elle aussi existe cependant encore en culture. Même sort, enfin, pour la tulipe à feuilles planes[2] qui, comme la précédente, est une véritable plante des moissons appréciant les terres travaillées : champs ou vignes. Elle a disparu d'Aime et de Saint-Jean-de-Maurienne, victime à la fois de la transformation des milieux et de l'excessif appétit des collectionneurs. Mais les bulbiculteurs néerlandais ont pu conserver cette tulipe en culture, comme les deux précédentes. Une quatrième espèce, la tulipe du Cardinal Billiet[3], à fleurs jaunes, toujours originaire de Savoie, décidément bien lotie, n'existait plus à l'état relictuel qu'en un seul point de la vallée de la Tarentaise. Des pro-

1. *Tulipa perrieri.* Liliacées
2. *Tulipa planifolia.* Liliacées
3. *Tulipa billietiana.* Liliacées

jets de construction sur ce site ont amené le Conservatoire botanique national de Gap-Charance à prélever la quasi-totalité des bulbes restants pour les cultiver et les multiplier en vue d'une réintroduction future.

Les autres espèces de tulipes croissant en France sont toutes menacées par la déprise agricole, l'abandon des modes de culture traditionnels, l'emploi des désherbants, l'envahissement des friches et l'urbanisation. Tel est le cas de la très belle tulipe d'Agen[1], présente dans le Sud-Est et le Sud-Ouest, mais en forte régression. Cette magnifique tulipe aux fleurs rouges fait aussi partie de la flore de Turquie et de Syrie, et elle est sans doute à l'origine des toutes premières plantations effectuées par les Turcs. On la reconnaît aisément aux taches noires bordées de jaune qui figurent à la base de ses pétales : c'est « l'œil de soleil » — d'où aussi son nom de « tulipe œil-de-soleil ».

Même phénomène de régression rapide pour la tulipe de De Lécluse[2]. Jadis présente en Savoie, dans le Sud-Est et le Sud-Ouest, elle n'existe plus aujourd'hui qu'en deux localités de Gironde. Elle aussi subit les effets de l'abandon des modes de

---

1. *Tulipa agenensis*. Liliacées
2. *Tulipa clusiana*. Liliacées

culture traditionnels et de l'emploi des désherbants, mais aussi de la cueillette et de l'urbanisation. Elle reste toutefois présente en Europe méditerranéenne et au Moyen-Orient. Cette tulipe, panachée rouge et blanc, ne peut être confondue avec aucune autre de la flore française.

La tulipe de Didier[1] est sans doute, avec ses belles fleurs d'un rouge vif, une des tulipes sauvages qui s'apparente le plus aux fleurs cultivées. Quelques derniers plants sauvages subsistent dans les jardins de SaintJean-de-Maurienne, confiés en quelque sorte aux bons soins des propriétaires de parcelles... Leur ressemblance avec leurs homologues cultivées est alors saisissante.

Saluons, pour terminer ce riche répertoire, la tulipe de Guillestre[2] : une tulipe rouge à petites macules bleues. Décrite en 1855 dans les environs de Guillestre, dans le Queyras, elle n'a plus été vue pendant plus d'un siècle, puis a été retrouvée en 1991. Comme la plupart de ses sœurs, elle pousse dans les cultures et les moissons, mais a réussi à s'installer dans les prairies. Bien qu'ayant réussi ainsi sa reconversion

1. *Tulipa didieri*. Liliacées
2. *Tulipa plabystigma*. Liliacées

écologique, cette espèce n'en reste pas moins très fragile.

La distribution des tulipes sauvages dans la nature amène à se poser des questions sur la place de choix qu'occupent Aime et la vallée de la Tarentaise dans cette répartition. Car il est logique de penser que là vivait sans doute un ancêtre commun dont toutes ces espèces auraient dérivé par le jeu des mutations et de la sélection naturelle qui préside aux mécanismes de la naissance des espèces [1]. Il en serait alors des tulipes savoyardes comme des célèbres pinsons des Galapagos, dont la diversité liée au mode de vie avait tant frappé Darwin : chacune se serait adaptée à un micromilieu particulier. Mais lequel ? Ici, la réflexion débouche sur un mystère et l'histoire naturelle des tulipes savoyardes reste entièrement à écrire, et d'abord à comprendre. Ce qui sera d'autant plus dif-

---

1. Ce processus de « microévolution » applicable à la naissance des espèces à partir d'ancêtres communs n'est pas discutable ; il est d'ailleurs prouvé par des faits incontestables. L'étendre en revanche *a priori* et sans preuve, comme le font sans hésiter les biologistes « néodarwiniens », à la naissance des grandes divisions des règnes animal et végétal, tels que les embranchements par exemple, est une démarche discutable à laquelle je n'adhère pas. Trop de faits ne peuvent en effet trouver aucune explication satisfaisante par le seul jeu des mutations et de la sélection naturelle.

ficile qu'une bonne part des protagonistes sont des espèces éteintes, et qu'on aura dès lors bien du mal à saisir comment la Nature s'y est prise pour produire une aussi forte différenciation parmi ce groupe de végétaux, précisément en ce lieu.

Nos tulipes n'ont rien à envier à leurs cousines issues des travaux de sélection des horticulteurs ; elles tachent le paysage végétal de rouge, de jaune ou de blanc, et témoignent de l'extrême beauté des fleurs sauvages, déjà célébrée par l'Évangile à propos du lys des champs [1], même si ce dernier n'était sans doute pas un lys, ni même une tulipe, mais plutôt une anémone [2] fleurissant abondamment en Terre sainte au printemps. Une anémone dont les chercheurs israéliens ont montré qu'elle était plutôt écarlate dans la région de Jérusalem, plutôt bleue ou blanche dans la région du lac de Tibériade, en fonction de la nature du sol... Ce sol qui joue un si grand rôle dans la distribution des espèces végétales.

1. Matthieu, 6, 28.
2. *Anemone coronaria*. Renonculacées

CHAPITRE 8

De la nourriture des dieux à la griffe du diable

Les régions arides de Cyrénaïque, dans l'actuelle Libye, furent il y a très longtemps le théâtre de la seule disparition d'une espèce vivante signalée au cours de l'Antiquité. Comme si ce scénario devait se reproduire, mais en Afrique du Sud cette fois, la fabrication d'un grand médicament contemporain tend à appauvrir dangereusement les gîtes naturels de la plante-mère. Ainsi, au sud et au nord de l'Afrique, à 2 000 ans d'intervalle et à 7 000 kilomètres de distance, un processus identique se développe : la mise en péril, voire la disparition d'une espèce par surexploitation humaine.

Du *Silphium*, très répandu il y a deux millénaires et demi dans les déserts de Cyrénaïque, il ne reste plus aujourd'hui qu'une représentation figurant sur les pièces de monnaie émises par les rois de Cyrène (rendu célèbre par l'un de ses fils, Simon, qui aida Jésus à porter sa croix). L'examen attentif de ces monnaies laisse penser que le *Silphium* faisait partie de la famille des Ombellifères, celle du persil et de la carotte, de l'angélique et du fenouil. Il s'agit d'une Ombellifère annuelle à tige haute, striée, cannelée et creuse, sur laquelle sont fixées des feuilles opposées et engainantes.

Archéologues et botanistes ont tenté d'identifier ce *Silphium* à une plante actuellement connue ; mais sans succès. Ils se sont référés, pour cela, à la description qu'en a donnée Théophraste en 530 avant Jésus-Christ. L'aptitude à exsuder une gomme par la tige permet de rapprocher cette Ombellifère des férules, fréquentes au Moyen-Orient, d'autant plus riches en gomme que leur milieu est plus aride. La pestilentielle « ase fétide » est précisément la gomme d'une férule de ce type qui pousse dans les montagnes d'Afghanistan. Ici, tout au contraire, il ne s'agit point d'une gomme fétide, mais d'une gomme puissamment aromatique, curieusement appelée à l'époque « laser », et entrant dans un grand nombre de préparations médicamenteuses.

Le *Silphium* était bien une panacée, si l'on en juge par les multiples applications de ce suc gommeux employé autant comme aliment de luxe, comme reconstituant dans les convalescences, comme médicament antitussif, comme boisson censée neutraliser le venin des serpents et faire repousser les cheveux lorsqu'on y ajoute du vin et du safran, etc. Bref, le *Silphium*, ainsi que beaucoup d'autres plantes de jadis, édifia sa légendaire réputation sur un statut de panacée supposée tout guérir : guérir tout et guérir le tout ! On distinguait de surcroît le suc des tiges de celui des racines, ce dernier valant plus cher que l'or. À compter du VIe siècle avant Jésus-Christ, tous les marchés d'Europe importent le *Silphium*, à la grande satisfaction des rois de Cyrène. Les Grecs puis les Romains s'en révèlent de gros consommateurs et la plante est récoltée sans précaution ni mesure dans les déserts de Cyrénaïque où elle finit naturellement par s'éteindre. On date à peu près cette extinction de l'espèce du règne d'Auguste, à l'époque où Jésus était encore un enfant. Depuis, du *Silphium* il ne nous reste que le souvenir.

La rapidité avec laquelle cette espèce souvent mentionnée par les auteurs de l'Antiquité a fini par disparaître est surprenante. Dans *Les Oiseaux*, pièce jouée en 414 av. J.-C., Aristophane se moquait des habitudes alimentaires de ses contemporains qui « répandaient sur les oiseaux rôtis des fromages râpés, de l'huile et du *Silphium* ». Quant à Pline, parmi les causes de disparition de la plante, il incrimine l'extension de l'élevage. Ce qui prouve que les naturalistes de l'Antiquité avaient déjà noté les risques de prédation liés au pâturage intensif ; encore qu'ici, il soit difficile d'imaginer qu'une espèce aussi exploitée et aussi rémunératrice n'ait pas fait l'objet d'un minimum de protection par rapport à la dent des ruminants !... Toujours est-il que le *Silphium* a disparu et qu'il ne fait plus aujourd'hui que l'objet d'études et de colloques. L'un d'eux s'est même tenu il y a quelques années à Benghasi, en Libye, sur les lieux mêmes où poussait jadis la plante...

Il est à redouter que de tels colloques ne se déroulent, dans quelques décennies ou quelques siècles, à Windhoek, capitale de la Namibie. Dans ce pays de l'Ouest africain, deux espèces appartenant au même genre *Harpagophytum* ont suscité, au cours de ce siècle, un soudain intérêt. L'histoire de l'introduction en thérapeutique de l'*Harpagophytum procumbens*[1] remonte à 1904. Cette année-là, les Hottentots se soulevèrent et un fermier de Namibie, Mehnert, fut fort intrigué par le fait qu'un des guerriers, blessé et considéré comme perdu par les médecins, ait pu être sauvé par le guérisseur de sa tribu. Celui-ci avait utilisé une racine que Mehnert tenta d'identifier. À l'aide d'un chien de chasse, il retrouva le lieu d'où la racine avait été déterrée, puis identifia la plante qui l'avait produite, et ce en dépit du fait que le guérisseur, soucieux de ne point dévoiler son secret, avait enfoui ailleurs les parties vertes non utilisées de la plante... Après de patientes recherches, le chien finit par déterrer les feuilles, lesquelles permirent l'identification certaine de la plante d'origine. Il s'agissait d'une herbe à fort enracinement : la griffe du diable.

C'est une herbe vivace et rampante à magnifiques fleurs d'un rouge-violet éclatant. Les fruits, roux comme des oursins, sont garnis de griffes recourbées, d'où découle le nom générique de la plante : *harpagos* en grec (grappin, crochet). Et, de fait, ces griffes s'accrochent volontiers à la crinière, au pelage ou aux sabots des bêtes, et peuvent, dans ce dernier cas, leur causer

1. Pedaliacées.

de sérieux dommages. D'où le nom de « griffes du diable » donné localement à cette plante qui sait si bien se servir des animaux pour transporter ses graines à longue distance.

Il existe deux espèces d'*Harpagophytum*. La première croît dans des *bushes* très clairs et subarides ; la seconde préfère des *bushes* épineux et denses d'un degré pluviométrique plus élevé. Les milieux prisés par ces plantes forment la ceinture subdésertique du Kalahari ; ils dessinent une sorte de triangle d'or englobant le centre et l'est de la Namibie, l'ouest du Botswana et le nord de la province du Cap, en Afrique du Sud.

L'*Harpagophytum* est très utilisée en médecine traditionnelle. Comme c'est souvent le cas, elle n'a pas une seule indication, mais plusieurs, et dans des sphères thérapeutiques différentes. Elle est fort répandue parmi les Bushmans et les Bantous pour le traitement des indigestions et comme laxatif. L'infusion est considérée comme fébrifuge, la racine amère comme apéritive et sédatif gastrique ; elle est très classiquement administrée aux femmes en couches pour soulager leurs douleurs. Cette médication est prolongée après l'accouchement, mais à des doses plus faibles ; les patientes bénéficient en même temps d'une application d'onguent sur le ventre. On utilise plus généralement cet onguent pour le traitement des petites blessures, des maladies de peau, des ulcères, des furoncles, etc. Enfin, on cite l'utilisation d'*Harpagophytum* pour le traitement des migraines, des réactions allergiques et des rhumatismes. Bref, il s'agit bien une fois encore d'une panacée dont il importe de déceler les indications les plus péremptoires et les plus pertinentes.

Introduite en Allemagne dès sa découverte en 1904, la plante passa en France par l'Alsace, puis se répandit dans toute l'Europe occidentale. Les innombrables études scientifiques dont elle fut l'objet conduisirent à n'utiliser que ses racines secondaires, plus riches en substances actives que la grosse racine primaire. De même, parmi toutes les propriétés thérapeutiques signalées dans les usages traditionnels, ce sont ses propriétés anti-inflammatoires qui furent bien mises en évidence par les pharmacologues et notamment dans notre laboratoire de Metz par mes amis Jacques Fleurentin, François Mortier et leurs collaborateurs. L'*Harpagophytum* devint alors le médicament des douleurs articulaires, des rhumatismes et de l'arthrose.

Curieusement, le support de ces propriétés pharmacologiques n'a pu encore être cerné avec précision, tant sont nombreuses les substances actives contenues dans la poudre de racine. Si nombre des indications initiales ont été délaissées, les formes et modes d'administration ont, dans l'ensemble, été conservés ; les plus courants sont l'extrait et la poudre présentés en gélules ou en capsules.

Mais, en raison des résultats satisfaisants obtenus dans le traitement des maladies rhumatismales, la demande ne cesse de croître et, en de nombreux points de l'aire de répartition de la plante, les sites naturels s'appauvrissent rapidement. Jusqu'à présent, aucune tentative de culture n'a abouti [1] ; la plante est simplement récoltée au fur et à mesure des besoins. Mais ces besoins sont en augmentation constante, d'autant plus que des chercheurs allemands viennent de lui reconnaître des propriétés antilithiasiques et anticholestérol.

Voilà, en tout cas, une plante médicinale qui se singularise par un grand nombre de caractères. D'une part, elle provient d'une région du monde particulièrement mé-

1. M. Betti, expert ethnopharmacologue, nous a confirmé n'avoir pu jusqu'ici réussir en Namibie la culture de l'*Harpagophytum* qui se trouve ainsi totalement livré aux collectes sauvages.

connue où nul n'aurait songé trouver un grand médicament. D'autre part, ce médicament n'est pas utilisé sous la forme d'une substance active isolée à l'état pur, car aucun de ses composants ne possède à lui seul les propriétés de la poudre elle-même. Sans doute faut-il voir là, une fois de plus, une illustration de ce fait désormais bien connu en biologie : le tout est *plus* que la somme des parties [1]. C'est donc en association, par des phénomènes de potentialisation et de synergie, que les éléments présents dans une espèce végétale produisent les effets attendus, et ce, même s'ils se révèlent parfaitement inactifs pris isolément. Abstraction faite de l'élégance de sa présentation sous forme de gélules, on répétera encore que c'est toujours la poudre ou l'extrait sec de la plante qu'on utilise, à l'instar des indigènes africains qui « inventèrent » ce médicament.

Il ne reste plus qu'à souhaiter que l'*Harpagophytum* ne connaisse jamais le sort du *Silphium*. Mais, au cours des dernières années, on constate une nette raréfaction des sites, due à un déficit cumulé de pluviométrie qui amplifie l'effet dévastateur de prélèvements humains mal gérés. La raré-

1. J'ai déjà évoqué cette question dans *Les Langages secrets de la nature*, Éd. Fayard, 1996.

faction de l'*Harpagophytum* est aussi renforcée par l'incapacité des fruits à parvenir à maturité, suite à ce même déficit pluviométrique. Celui-ci, enfin, a contrarié la germination des graines issues des fruits des années antérieures.

L'*Harpagophytum* en viendrait-il à mourir deux fois : une fois comme le *Silphium*, par excès de prélèvements, une seconde fois comme le cyprès de Duprez, par excès de sécheresse ?

On escompte, en Afrique du Sud, un retour à des conditions climatiques plus clémentes. Mais la déforestation intensive qui sévit sur tout le continent rend cette hypothèse malheureusement peu probable.

L'itinéraire, on le voit, est court qui va de l'aride désert de Cyrénaïque aux confins subarides du Kalahari. Itinéraire plus court encore lorsqu'on prend soin de faire étape en Afrique centrale. Les pays de cette région exploitent en effet l'écorce du prunier africain [1] à partir de laquelle est élaboré un des médicaments les plus courants des affections de la prostate [2], de plus en plus répandues chez les hommes d'âge mûr au fur et à mesure qu'augmente leur espé-

1. *Prunus africana*. Rosacées.
2. Tadenan.

rance moyenne de vie. L'UNESCO vient de mettre en cause une entreprise française implantée au Cameroun, responsable à elle seule de l'écorçage et de la production de 11 500 tonnes d'écorces en cinq ans, soit 63 % de la production mondiale — ce qui représente 33 000 arbres écorcés chaque année ! Cette surexploitation menace du même coup trois espèces d'oiseaux et une espèce de singe qui se nourrissent des prunes de cet arbre. Voilà un exemple type d'une exploitation à sens unique, pour le seul profit des pays du Nord, de ressources littéralement pillées dans des pays du Sud qui n'ont pas même de quoi se procurer les médicaments de base. Conformément à sa doctrine constante depuis quelques années, l'UNESCO insiste en effet sur l'impérieuse nécessité de promouvoir un développement durable, où les ressources puissent être exploitées au bénéfice commun des pays qui les produisent et de ceux qui les traitent et les revendent. Les laboratoires exploitant le prunier viennent de passer à cette fin un accord avec le Cameroun pour lui reverser un écot aux fins de favoriser la préservation et la culture de l'arbre.

Depuis 1994, le prunier africain est protégé par la Convention de Washington, ratifiée en 1972 et visant à réglementer le commerce international des espèces de faune et de flore sauvages menacées d'extinction (CITES). L'arbre vient d'être inscrit à l'Annexe II de la Convention qui soumet désormais l'exploitation de l'espèce à des quotas et à des permis d'exploitation. Les espèces inscrites à l'Annexe I — le rhinocéros, par exemple — sont intégralement protégées et ne peuvent faire l'objet d'*aucune* sorte d'exploitation.

Reste à souhaiter que le Cameroun soit en mesure de veiller à l'application et au respect de ces mesures de protection et réussisse la mise en culture du prunier africain, faute de quoi ce malheureux végétal risque de connaître à son tour le triste sort du *Silphium*...

Un sort que partagent de nombreuses espèces insulaires, comme nous allons le voir en égrenant à présent les îles qui entourent le sud du continent africain.

CHAPITRE 9

Sainte-Hélène, l'île du bout du monde

Le *RMS Sainte-Hélène* a quitté depuis quatorze jours le port de Cardiff, au pays de Galles, et voici que se découpe sur l'Atlantique Sud la masse impressionnante de l'île légendaire. Rien, ici, qui suscite l'allégresse de retrouver une terre accueillante au terme d'une longue traversée. Sa sombre silhouette suscite une impression d'austérité, une crainte révérencieuse que le séjour ne fera que confirmer. Avec ses 123 km^2, superficie moyenne d'un canton français, Sainte-Hélène est plus un îlot qu'une île. Isolée à 1 850 kilomètres de l'Angola et à 3 500 kilomètres du Brésil, c'est un véritable bastion de basalte culminant à 820 mètres au Diana's Peak, et plongeant verticalement dans l'océan. Son évocation est indissociable de l'ombre de l'Empereur qui fit sa célébrité ; Napoléon a connu lui aussi, durant son séjour de 1815 à 1821, ce plafond de nuages bas que l'on croirait émaner de volcans mal éteints. Pas une rade, pas une plage, pas un port où accoster ; les bateaux mouillent au large de Jamestown, la « capitale » ; en l'absence d'avion, d'aéroport, de télévision, ils constituent le seul lien avec la mère patrie, l'Angleterre. La roche basaltique, omniprésente, a même réussi à éteindre l'éclat de la végétation et la couleur des maisons. Le ciel perpétuellement plombé concourt à cette impression d'étouffement, de même que les canons toujours braqués vers le large. Et que dire de Jamestown, littéralement écrasée comme par de grosses meules au fond d'une étroite vallée en bordure de mer. Ses petites maisons, sorties d'un dessin animé de Walt Disney, ne se départissent pas de cette langueur mi-portugaise, mi-britannique, qu'accentue encore le sentiment de mélancolie, de vide et d'ennui caractéristique de l'Atlantique Sud. Napoléon n'a passé qu'une nuit à Jamestown, celle de son arrivée, le 16 octobre 1815 ; jusqu'à sa mort, le 5 mai 1821, muré dans sa résidence de Longwood, il n'y reviendra plus. À Sainte-Hélène, l'Angleterre victorienne n'en finit pas de mourir avec son *five o'clock tea*, ses danses du samedi soir, ses rendez-vous de fin de journée autour du bar en bois du Consulat... Un univers suranné de bout du monde.

Rien de paradisiaque, rien de commun avec Madère ou les Canaries sur le plateau désolé de Longwood où le destin retint Napoléon jusqu'à sa mort. Ici, ce serait plutôt Ouessant, avec des températures inférieures d'au moins 10° C à celles de Jamestown et du littoral. Toute sa captivité durant, l'Empereur fut incommodé par l'humidité, la fraîcheur, les vents continus marquant le micro-climat insulaire de sa résidence forcée. Aujourd'hui, seuls deux pins parasols et un chêne vert ont survécu et font l'objet des soins attentifs de la France, désormais propriétaire du bâtiment et de l'ancienne tombe de Napoléon, exterritorialisés en 1858 sous le règne de Victoria, et qui constituent le plus petit morceau de territoire français à l'étranger. L'Empereur avait de son vivant désigné le lieu de son inhumation : « En dessous de ces saules, sous le ruisseau. » Il y fut effectivement enterré le 9 mai 1921.

Pendant toute la durée de son séjour, l'Empereur ne s'est jamais rendu à *Plantation House*, la résidence du gouverneur anglais de Sainte-Hélène. Une maison qui s'enorgueillit de posséder des tortues dont l'une aurait 112 ans ; elle est loin de battre le record du monde, toujours détenu par une tortue de l'île Maurice, ramenée des Seychelles en 1766 et morte accidentellement en 1918 après 152 ans de vie sur cette île, à ajouter donc à ses années de jeunesse. C'est elle qui figure au *Livre des Records* comme détentrice du record de longévité du règne animal. Mais, en la matière, la concurrence est sévère : les vieilles tortues des Galapagos, des Seychelles et d'Aldabra sont légion, et qui sait si quelques-unes n'ont pas déjà battu ce record ? Comment savoir ? Le cas échéant, comment l'homologuer ?

Sainte-Hélène fut découverte en 1502 par des explorateurs portugais. Successivement annexée en 1633 par la Hollande, puis en 1659 par la toute-puissante Compagnie générale des Indes anglaises, l'île fut définitivement cédée en 1834 à la Couronne britannique qui l'avait louée au gouverneur de la Compagnie pour y organiser l'exil de Napoléon.

Trois grandes étapes peuvent être distinguées dans l'histoire de la flore et de la végétation de Sainte-Hélène. La première, la plus longue, entièrement vouée aux forces naturelles, s'étend jusqu'à l'arrivée des premiers Portugais en 1502. La deuxième s'étale sur les trois siècles suivants ; elle aboutit aux premières études botaniques menées à Sainte-Hélène entre 1805 et 1810, peu avant l'installation de Napoléon sur l'île. Cette deuxième étape est marquée par l'arrivée en force des chèvres et autres troupeaux, entraînant un surpâturage et une surconsommation dont de nombreuses plantes endémiques durent faire les frais. La troisième époque, couvrant les deux derniers siècles, nous a laissé un certain nombre d'études sérieuses et fiables, ainsi que des observations relatives à l'évolution de la végétation de l'île, désormais suivie par une équipe de botanistes.

Au cours de la première étape, cette végétation s'élabore spontanément sur un socle volcanique très ancien, au gré des lois immémoriales de l'écologie ; s'y déploient et y jouent les modifications climatiques, les migrations de graines venues des continents, le remaniement des espèces par le jeu de l'évolution, donnant naissance à un fort contingent d'endémiques.

Quand les Portugais débarquent, le 18 août 1502, jour de la Sainte-Hélène, ils découvrent une terre vierge de toute influence humaine. L'arrivée de l'homme et surtout de ses animaux domestiques voraces — les chèvres, en particulier — bouleverse totalement, en l'espace de

300 ans, ces équilibres millénaires. Pour J.D. Hoocker, on pouvait évaluer à une centaine le nombre des espèces endémiques ayant déjà disparu avant 1805-1810, lorsque s'esquissent les premières études botaniques sur l'île. Un record effrayant que Sainte-Hélène partage avec d'autres îles, en particulier l'archipel des Hawaï, comme on l'a vu. Les espèces disparues à Sainte-Hélène entre 1502 et 1805 se seront à tout jamais évanouies sans qu'aucun scientifique n'ait pu ni les repérer, ni les récolter, ni les classer, ni même les nommer ! Illustration des grandes catastrophes écologiques survenues au cœur du règne végétal du fait des formidables bouleversements entraînés par l'irruption massive de l'homme et de ses bêtes domestiques.

Les chèvres, surtout, ont été rendues responsables du rapide déboisement de l'île. Ici comme sur de nombreuses autres îles, on les introduisit dès 1513 pour constituer des réserves alimentaires disponibles au retour des grands voyages maritimes ou en cas de naufrage. C'est ainsi que les chèvres proliférèrent, formant, selon les observateurs de l'époque, des troupeaux de près de deux kilomètres de long. En raison de leur extraordinaire aptitude à se nourrir de tout ce qui leur tombe sous la dent, elles ne tardèrent pas à raser presque totalement Sainte-Hélène. Aucune herbe, aucun arbuste ne résiste à leurs dents voraces qui s'accommodent des buissons les plus coriaces ou les plus épineux. En plaine comme en montagne, leur agilité leur permet de se faufiler sur n'importe quel escarpement. Il a donc fallu contrôler les troupeaux pour reprendre la situation en main ; ce qui fut acquis à partir de 1950.

La troisième étape débouche sur des perspectives plus optimistes ; elle aura au moins permis la sauvegarde de quelques dizaines d'espèces endémiques dont plusieurs sont aujourd'hui à la limite de l'extinction, mais qui font néanmoins l'objet d'efforts méritoires pour tenter de les sauvegarder. La chasse à la plante rare est désormais ouverte. C'est à qui retrouvera l'héliotrope de Sainte-Hélène [1], avec ses belles inflorescences de petites corolles blanches, que nul n'a plus revu depuis les années 1800. Qui repérera la Wahlenbergia de Rosburgh [2], plante considérée jadis comme ornementale, mais que personne n'a plus rencontrée depuis un siècle ? Ces espèces sont-elles éteintes ? Quelques ultimes exemplaires auraient-ils échappé à

1. *Heliotropium pannifolium.* Boraginacées.
2. *Wahlenbergia linifolia.* Campanulacées.

la sagacité des botanistes ? À force d'arpenter l'île, en retrouvera-t-on inopinément un tout dernier individu ?

C'est un jeu à présent couramment pratiqué dans les îles lointaines que de tenter de découvrir un ultime exemplaire, tapi en des lieux inaccessibles, de plantes considérées comme disparues, éteintes. Encore faut-il que celles-ci aient été un jour découvertes, décrites, nommées par des scientifiques, dotées en quelque sorte d'un état-civil. Faute de quoi elles auraient traversé le monde des vivants sans jamais révéler leur existence ni laisser la moindre trace dans les annales de la Botanique mondiale.

Dans ces étonnantes courses aux retrouvailles, quelques cas heureux retiennent l'attention. Ces plantes font partie du club très « sélect » des espèces qui n'existent plus qu'à un seul exemplaire : le tout dernier retrouvé, précisément. Passons une revue de détail de ces rares et précieuses curiosités.

L'olive de Sainte-Hélène [1], qui n'est d'ailleurs pas une olive mais une plante de la famille de la bourdaine, n'existe plus aujourd'hui qu'à un seul exemplaire, redécouvert en 1977 alors que l'espèce était

1. *Nesiota elleptica*. Rhamnacées.

donnée pour éteinte. Son intérêt tient moins à un éventuel aspect utilitaire qu'à son histoire, parfaitement représentative d'une espèce en voie d'extinction immédiate.

Ce petit arbre poussait initialement dans les parties élevées de l'île, autour du pic Diana, mélangé à des fougères arborescentes [1], elles-mêmes endémiques de Sainte-Hélène. Lorsque la Compagnie des Indes anglaises s'appropria l'île en 1659, elle repéra promptement la bonne qualité du bois de cet arbre et l'exploita sans vergogne. Déjà, en 1875, J.M. Mellis, dans un ouvrage consacré à Sainte-Hélène, note qu'il ne reste guère plus de 12 à 15 pieds dans l'île. Puis, plus rien. Personne ne parle plus de l'« olive de Sainte-Hélène » que les botanistes considèrent, dès lors, comme éteinte. Lorsque, en août 1977, le botaniste de l'île, George Benjamin, la retrouva à proximité du pic Diana, cette découverte fit l'effet d'une petite bombe — tout est petit, à Sainte-Hélène ! — et entraîna parmi la population une forte émulation qui aboutit à la mise en place d'un programme de recherche et de conservation de la flore locale. Celui-ci a déjà porté ses fruits, puisque quatre espèces ont ainsi été sau-

1. *Dicksonia arborescens*. Dicksoniacées.

vées, mais une cinquième est désormais considérée comme perdue : il s'agit d'un gommier[1] endémique de l'île. Tandis que Benjamin tentait de sauver le dernier pied, une tempête l'abattit de sa falaise-refuge, de sorte qu'on le considère aujourd'hui comme disparu dans la nature, tout en étant encore cultivé en conservatoire.

Paradoxalement, c'est l'olive de Sainte-Hélène qui, ayant déclenché une vague d'optimisme militant, a causé les plus grands problèmes aux spécialistes. Le dernier arbre vivant porte en effet rarement des graines, lesquelles, de surcroît, sont stériles. Quant aux boutures, aucun résultat probant n'a pu en être obtenu, malgré de multiples tentatives. Si deux plantules issues de graines ont pu finalement être repiquées, elles n'ont pas réussi à se maintenir et sont mortes — ironie du sort ! — en 1984, au moment même où George Benjamin s'était absenté de Sainte-Hélène pour préparer, au Jardin botanique royal de Kew, en Grande-Bretagne, le plan de conservation et de propagation de la flore insulaire...

Le vieux et chétif olivier endémique, qui semble très fatigué, illustre les efforts encore trop peu connus des conservatoires

1. *Commidendrum rotundifolium.* Composées.

de plantes : dans ce cas d'espèce, mille ruses et précautions ont été prises pour obtenir des germinations et tenter de faire prendre des boutures ; mais la plante n'a pas répondu à ces attentes, le dernier rejeton de l'espèce étant de toute évidence en perte de vitalité.

Grande est l'émotion à contempler l'unique et ultime individu d'une espèce par ailleurs totalement disparue. Peut-on imaginer de transposer pareille situation à l'être humain, au dernier individu de l'espèce, qui aurait vu disparaître autour de lui tous ses congénères, resté seul, sans aucun moyen de reproduction, à attendre sa fin, l'extinction du genre humain, laquelle coïnciderait de surcroît avec le terme de la plus grande aventure jamais tentée sur une planète du système solaire ?

Si l'olive de Sainte-Hélène donne du fil à retordre à ses parrains, elle n'est certes pas la seule espèce végétale de l'île à ne plus exister qu'à un seul et unique exemplaire. Le bois d'ébène local, le *Trochetiopsis* [1] à bois noir, était considéré comme éteint depuis un siècle. Mais, en novembre 1980, le botaniste local, George Benjamin — toujours lui ! —, découvrit sur une falaise deux jeunes arbustes, bienheureux rescapés de

1. *Trochetiopsis melanoxylon*. Sterculiacées.

la lutte sans merci que l'homme imposa à cet ébénier, largement exploité à son profit. Son bois noble se laisse admirablement travailler, tandis que l'écorce sert à tanner le cuir. Mais, comme si ces usages n'étaient pas déjà suffisants pour concourir à l'anéantissement de l'espèce sur une île aussi exiguë que Sainte-Hélène, il fallut que Napoléon s'en mêlât... Le bois servit à l'époque à faire du charbon de bois, destiné à produire de la chaux, elle-même transformée en ciment pour l'édification des fortifications qui devaient se dresser un peu partout sur le pourtour de l'île. Un beau gâchis qui finit par porter un coup fatal à cet arbre. Mais les geôliers de Napoléon n'ont pas eu le dernier mot : dès les retrouvailles de 1980, des propagations par boutures ont été entreprises, ainsi que des semis. Pas moins de 2 000 individus ont ainsi été plantés sur l'île. Enfin une espèce sauvée !

Une espèce qui a eu chaud, mais dont le sort pourrait être envié par sa toute proche parente, le *Trochetiopsis* à bois rouge [1]. Elle aussi est sauvée, bien qu'il n'en subsiste aujourd'hui qu'un seul spécimen dans la nature. Mais celui-ci a fait des petits et plusieurs jardins botaniques s'enorgueillissent

1. *Trochetiopsis erythraxylon.* Sterculiacées.

à présent de posséder un jeune *Trochetiopsis*. Comme son frère le bois d'ébène, cet arbre a été victime des chèvres, mais surtout des hommes qui utilisaient son écorce ou son bois pour en extraire des tanins.

Mais ces arbres de la famille du cacao possèdent une autre particularité : l'extrême beauté de leurs fleurs. Celles du *Trochetiopsis* à bois rouge ont plus de 5 centimètres de diamètre. D'abord d'un blanc éclatant, elles virent très vite au rose, puis au brun-rouge, lorsque, en novembre, s'épanouit le printemps austral. Sans verser dans l'emphase, tout botaniste reconnaîtra que les fleurs de ces arbres comptent à coup sûr parmi les plus belles du règne végétal. Ce qui conférerait à ce genre un grand avenir horticole si ses représentants n'étaient pas partout menacés. Comme nous le verrons, on en trouve en effet de très beaux dans les Mascareignes (Maurice et La Réunion), mais appartenant eux aussi à des espèces sous perfusion...

La localisation de ces *Trochetiopsis* à Sainte-Hélène et leur affinité avec les *Trochetia* des îles du sud de l'océan Indien rapproche la flore de ces terres et crée entre elles une parenté botanique qui se confirme au demeurant par la présence commune de plusieurs genres de part et d'autre de la pointe sud du continent africain. Mais Sainte-Hélène a aussi des parentés avec le continent lui-même, comme l'atteste, par exemple, la présence d'un *Pelargonium* [1]. Ce que les botanistes qualifient savamment de *Pelargonium* est, pour tout un chacun, un géranium, genre fort répandu en Afrique du Sud. Mais le *Pelargonium* de Sainte-Hélène figure lui aussi au catalogue des espèces « en danger », dernière étape du classement avant l'extinction. Il pousse sur des falaises inaccessibles en bordure de mer, là où même les chèvres n'ont pu le dénicher, et peut y subsister des mois durant sans eau ni sol. Avec le repli contrôlé des chèvres depuis 1950, en pionnier courageux qu'il est, notre *Pelargonium* s'est refait une santé. Mieux — c'est la traditionnelle mission des pionniers —, cette plante, en générant les premiers éléments de sol et en faisant de l'ombre, crée sur les falaises les conditions minimales de survie d'autres endémiques. Parmi les bénéficiaires de ces prestations figure une composée buissonnante à allure de marguerite [2], capable de survivre dans des conditions semi-désertiques et sur des sols salés par les embruns. De ses feuilles tombées sur la rocaille, elle se fait elle-

1. *Pelargonium cotyledonis.* Géraniacées.
2. *Commidendron rugosum.* Astéracées.

même son propre compost, lequel lui permet de tenir dans les conditions extrêmes où elle vit en association avec le *Pelargonium*, encore plus fruste qu'elle.

Plantes de falaises littorales, *Pelargonium* et *Commidendron* ne risquent évidemment pas de faire la courte échelle à la plupart des endémiques qui habitent les forêts couvrant encore quelques ultimes réduits de la chaîne centrale. Car les lois de l'écologie enseignent que chaque plante, chaque être vivant ne peut durablement vivre et survivre que dans le milieu auquel il est adapté. En forêt, si leurs graines venaient à germer — ce qui n'est pas sûr —, nos deux endémiques du littoral seraient promptement étouffées par les plantes du lieu, plus aptes qu'elles à la concurrence, puisqu'elles se battent sur leur propre terrain !

Un dernier salut, avant de quitter Sainte-Hélène, à un cousin très proche de cette Composée des falaises, le gommier[1]. Espèce arborescente, jadis dominante sur l'île, il a joué dans son histoire le rôle de bois d'œuvre — et l'on sait à quel point cette histoire précipite généralement la disparition des arbres concernés. Mais le prestige du gommier de Sainte-Hélène est

1. *Commidendron robustum.* Asteriacées.

si considérable qu'il fut proclamé, en 1977, symbole national de l'île. Du coup, ces arbres ont fait l'objet d'un inventaire très précis, d'où il ressort qu'on en recense 600 individus au total, notamment à proximité de la demeure de Napoléon, à Longwood.

On clôturera ici l'inventaire d'une flore fragile et particulièrement menacée par les troupeaux de chèvres sauvages et la surexploitation humaine. On a certes quelque peine à imaginer des populations végétales dont les individus se comptent en unités. Ces situations, spécifiquement insulaires, sont plus rares sur les continents où les ruptures d'équilibre sont moins brutales et les possibilités d'expansion des flores nettement plus grandes. Car les plantes peuvent fuir, par graines interposées, des conditions par trop défavorables, et se réfugier dans des habitats meilleurs. Encore ne faut-il pas, comme ici, qu'elles soient incarcérées au beau milieu d'un océan, ce qui ne laisse aux espèces de la flore locale — comme aux empereurs... — aucune possibilité d'évasion.

De nombreuses espèces de Sainte-Hélène sont éteintes. Seule, aujourd'hui, l'olive de Sainte-Hélène s'obstine à ne pas vouloir se reproduire, mais, après s'être fait longtemps prier, peut-être finira-t-elle par se laisser aller ? Pour l'heure, elle fait en quelque sorte figure de dernière de la classe qui aurait régressé au point de ne plus trouver les forces vitales nécessaires pour se réimposer, redémarrer, reprendre pied dans la végétation environnante. Seul l'avenir nous dira si elle ira grossir le lot déjà fourni des espèces éteintes de l'île : aussi bien de celles qui disparurent avant l'arrivée des premiers botanistes que de celles, plus rares, qui, comme elle, semblent vouloir rendre l'âme malgré tous les efforts déployés en leur faveur.

La quasi-totalité des autres endémiques en extrême péril est actuellement reprise en main et les tentatives de protection et de multiplication se développent aussi bien sur place qu'à Kew Garden, à Londres, le plus grand et le plus riche jardin botanique de la planète. La présence à Sainte-Hélène d'un botaniste facilite évidemment les choses. Mais nous sommes ici dans le monde britannique, dont on connaît le légendaire attachement aux plantes.

Cette expédition à Sainte-Hélène, comme sur les îles que nous allons parcourir, laisse quelque peu rêveur quiconque ne se contente pas de méditer sur le sort des plantes, mais songe aussi à celui des hommes. Aujourd'hui, d'amples efforts de protection sont déployés pour sauver les

« plantes en péril » que l'irruption brutale de l'homme et de ses troupeaux a subitement menacées. Mais qu'en est-il des « hommes en péril » ? Par analogie avec les plantes menacées, on ne peut que regretter que, tout au long des derniers siècles, les populations et cultures découvertes au fil de la conquête de nouveaux espaces n'aient pas, elles aussi, bénéficié de telles protections, ce qui eût évité les ethnocides et génocides que l'on sait. Il était trop tôt, dira-t-on. Il fallait le temps nécessaire à une véritable prise de conscience. Soit ! Mais comment expliquer alors cette rage du capitalisme qui, au nom de la « mondialisation de l'économie », prétend nier ces « endémismes sociaux » que sont les économies locales, si différentes d'un pays à l'autre ? Au point d'ailleurs que la seule évocation de cette réalité rend immédiatement suspect de protectionnisme. Un mot honni comme l'idée qu'il suggère : « protéger ». Selon ce point de vue, aujourd'hui très en vogue, il convient désormais de faire fi de toutes les traditions, de nier la riche diversité des hommes et de leur culture, d'ignorer les particularismes des économies locales, à seule fin de les étouffer sous le jeu de la libre circulation des marchandises et de promouvoir une sorte de « producteur-consommateur standard » d'un bout du monde à l'autre..., ainsi que son inévitable contre-image : le chômeur. Et qu'importe alors si l'on déstabilise ; car la loi d'airain de l'« Organisation mondiale du Commerce » exige de casser les écosystèmes économiques existants, de briser leurs « rigidités », de déréguler, de déréglementer, de délocaliser, de démanteler, afin de libérer partout les forces vives de la concurrence aveugle avec ses conséquences effectivement meurtrières pour les réalités économiques locales.

Or, il arrive que celles-ci résistent avec vigueur. On l'a vu par exemple à l'occasion du débat sur le « service public à la française » qui entend bien soustraire à la concurrence internationale certains secteurs de la vie économique — l'énergie et le rail notamment —, et faire ainsi un pied de nez au libéralisme exacerbé. Même attitude de l'Espagne qui entend bien, elle, protéger ses pêcheurs...

Car on ne peut impudemment prétendre se soustraire aux lois de la Vie, qui crée sans cesse la diversité et refuse l'uniformité. En effet, il faut bien protéger, ici ou là, quelques-uns de ces « endémiques cas sociaux », si l'on tient à ne pas les voir disparaître. Il en fut ainsi en 1993, lors des négociations du GATT, lorsque le cinéma français fut soustrait au seul jeu de la concurrence ; promu au rang « d'exception culturelle », il continue de bénéficier de subventions d'État, destinées à lui permettre de résister à la concurrence du cinéma américain. Mais ce fut là l'exception, arrachée de haute lutte, qui confirme la règle. Et la règle, c'est la concurrence acharnée, même si des pans entiers de l'économie doivent s'effondrer faute d'avoir su, pu ou voulu « s'adapter » à temps. D'où cette idée qu'il faudra sans doute envisager un jour de protéger les hommes et leurs structures économiques, comme on protège les plantes ; et surtout les protéger contre leurs propres excès. Car comment comprendre un monde qui prétend ignorer et qui du coup lamine l'endémisme humain, c'est-à-dire la diversité des situations locales et des traditions ; un monde qui marginalise totalement un continent entier — l'Afrique — incapable dit-on... de « s'adapter » ; un monde qui prétend « s'adapter » précisément aux nouvelles exigences de l'économie mondiale à grands coups de délocalisations et de « dégraissages » ; un monde enfin qui promet la richesse mais crée en fait la pauvreté. S'adapter ? Certes. Mais s'adapter à quoi, si ce n'est justement à ces nouveaux dogmes que personne jamais n'a démontrés. Les bienfaits escomptés d'un grand marché mondial sont incertains et à coup sûr ne profitent pas à tous. Les retombées positives d'une modernisation toujours plus poussée des technologies augmentent certes la productivité mais ruinent l'emploi. Avec, en fin de compte, une seule victime, l'homme lui-même, dont on a bien tort de ne pas rappeler à temps et à contretemps que l'économie est faite pour lui et non l'inverse. Que la compétition joue entre les plus forts, soit. Mais elle ne doit pas s'exercer aux dépens des plus faibles. Protéger les endémiques, c'est protéger les minoritaires, les plus fragiles, chez les plantes comme chez les hommes. Car entre le fort et le faible, c'est la liberté qui opprime et la justice qui libère. Une maxime que notre époque aurait grand intérêt à méditer !

L'auteur est parfaitement conscient de la distance qui le sépare de la « pensée unique »..., mais les botanistes savent bien qu'il existe de nombreuses espèces de pensées dont les plus communes sont la violette et la pensée sauvage. Pensée sauvage qui, on en conviendra, illustre bien la « sauvagerie » sociale de la pensée unique.

CHAPITRE 10

La nuit tombe sur Madagascar

Après un séjour de trois mois à Madagascar, le botaniste-explorateur Joseph-Philibert Commerson écrivait le 18 avril 1771 : « C'est à Madagascar, je puis l'annoncer aux naturalistes, qu'est leur véritable Terre promise. C'est là que la Nature semble s'être retirée dans un sanctuaire à part pour y travailler sur d'autres modèles que ceux auxquels elle s'est pliée ailleurs. Les formes les plus insolites et les plus merveilleuses s'y rencontrent à chaque pas. » Ainsi Commerson avait-il décelé avec perspicacité que la Grande Île est un véritable laboratoire où la Nature élabore en effet, tant pour la faune que pour la flore, d'autres modèles qui se démarquent nettement des prototypes rencontrés par exemple dans l'Afrique toute proche.

Avec une surface égale à la France, à la Belgique et à la Hollande réunies, Madagascar est la quatrième île de la planète, derrière le Groenland, la Nouvelle-Guinée et Bornéo. Détachée du continent africain depuis 175 millions d'années et isolée depuis lors, elle constitue, de fait, un formidable laboratoire où l'évolution, processus inconnu à l'époque de Commerson, s'en est donné à cœur joie ! Aussi y trouve-t-on 80 à 85 % de plantes et d'animaux endémiques, spécifiques de l'île, qui ne se rencontrent nulle part ailleurs au monde. Cette luxuriance évolutive s'est particulièrement manifestée dans la famille des Orchidées qui ne compte pas moins de 950 espèces endémiques sur les 12 000 espèces végétales au total que compte l'île. C'est qu'en 175 millions d'années d'isolement, l'évolution a disposé d'assez de temps pour engendrer les formes spécifiques que l'on découvre sur cette île-continent.

Madagascar est née de l'éclatement du Gondwana, le vaste continent de l'hémisphère Sud. En se disloquant, celui-ci a donné naissance à l'Australie, à la Nouvelle-Zélande, à l'Antarctique, à l'Amérique du Sud, à l'Afrique, à l'Inde et aux îles Seychelles. En se détachant de l'Afrique, Madagascar creusa une brèche dans l'actuel littoral de Tanzanie et du Kenya. L'isolement de cette grande île a été progressif. Des contacts se sont maintenus tant qu'elle dérivait, encore toute proche du continent : graines transportées par des oiseaux migrants ou disséminées par l'eau ou le vent, plantes et animaux échoués sur des troncs d'arbres ayant dérivé au large des côtes, etc.

À cette époque, Madagascar est boisée et sa végétation est celle du continent africain. Ce n'est qu'ensuite, du fait de l'isolement, que la différenciation s'opère. Les Mammifères qui vivent aujourd'hui sur la Grande Île sont issus de quelques audacieux colonisateurs qui ont fait la traversée par les moyens du bord, sans doute agrippés à des radeaux de branchages. En ces temps de l'ère secondaire, les Mammifères commencent seulement à apparaître, les dinosaures dominent la Terre. Là comme ailleurs, ceux-ci ont disparu il y a 65 millions d'années. Les vagues d'immigrants se multiplient voici 35 millions d'années, quand les océans atteignent leur niveau le plus bas. Mais, au fur et à mesure que l'île s'éloigne, dérivant vers le sud-est, nombre d'animaux d'origine récente ne parviennent plus à l'atteindre. Ainsi n'y trouve-t-on ni crapauds, ni salamandres, alors qu'on y dénombre près de 150 espèces de grenouilles endémiques ; les serpents venimeux ne s'y sont jamais installés. Il n'y a non plus ni lions, ni léopards, ni autres carnivores tels que chiens sauvages ou chacals ; ces carnivores tardifs n'ont jamais réussi à traverser le détroit du Mozambique, déjà singulièrement élargi. Pas de singes non plus. Les Mammifères apparaissent surtout sous la forme des Lémuriens, ces superbes petits animaux aux grands yeux ronds perpétuellement étonnés qui occupent sur l'île la place que les singes, trop tardivement apparus, n'y tinrent jamais, faute d'avoir su traverser à temps le détroit.

En l'absence de compétition avec leurs cousins singes, les Lémuriens se sont donc installés à Madagascar où ils ont brillamment prospéré. Là où une telle compétition exista, elle ne joua d'ailleurs pas en leur faveur : les Lémuriens qui survivent en Afrique et même en Asie sont chétifs, solitaires, nocturnes et insectivores. Ce n'est que dans la Grande Île qu'ils ont pu devenir plus grands, diurnes, et qu'ils vivent en familles ou en bandes sans être gênés par les singes. Aussi y occupent-ils généreusement le terrain !

L'île compte 30 espèces de Lémuriens, parmi lesquelles l'Indri se singularise par sa taille — 0,80 mètre —, sa belle fourrure noire et blanche, et surtout sa voix, car c'est

Dragonnier millénaire (Canaries)

Cèdre du Liban

Baobab africain

L'arbre le plus gros du monde (Taxodium mexicain)

Pin à longue vie
(squelette sur pied)

Pin à longue vie (Californie)

Le chêne d'Allouville
Bellefosse (76)

Aubépine de St Mars-sur-la-Futaie (53)

Cyprès de Duprez (Tassili)

Saintpaulia ou violette du Cap

Griffe du diable (désert du Kalahari)

Baobab de Grandidier (Madagascar)

Baobab fony (Madagascar)

Didierea (Madagascar) ou Alluaudia

Arbre du Voyageur (Madagascar)

Angraecum (orchidées)

Medusagyne (Seychelles)

Nepenthes pervillei

Palmier des Seychelles

Hibiscus, rose de Chine

Graine du palmier des Seychelles (coco-fesse)

Fleurs de frangipanier

Allamanda

Orgueil de Chine

Fleurs d'orgueil de Chine

Tulipier du Gabon

Jacaranda

Hibiscus à fleur de lys (île de Rodrigues)

Lantana camara

un animal chanteur. Les groupes se répondent à distance, de sorte que le chant de l'Indri est devenu en quelque manière l'hymne de Madagascar ! Beaucoup plus rares, les Hapalemurs, mangeurs de bambous, dont l'Hapalemur doré, découvert en 1986 seulement, attestent qu'on peut encore débusquer de nos jours de gros Mammifères nouveaux pour la Science. Il existe trois espèces de ces lémurs mangeurs de bambous ; mais ils ne semblent guère menacer les herbes géantes qui, comme pour le Panda de Chine, constituent leur nourriture exclusive. Ils vivent dans la seule forêt de Ranomafana. Hyper-localisés aussi, les lémurs à front blanc, très bavards, et même criants, ne se rencontrent que dans la presqu'île de Masoala, au nord de Madagascar. Enfin, pour clore ce survol faunistique, évoquons le célèbre aye-aye, lémurien composite à oreilles de chauve-souris, à dents de castor, à soies de sanglier, à queue de renard et à mains de singe, avec un doigt surnuméraire. Ce doigt lui permet d'accomplir les plus étonnantes performances, tant il est agile à toucher, sonder, arracher, extraire, dénicher, etc. De nombreuses légendes ont couru à propos des aye-aye, en raison de leur allure si curieuse et quelque peu inquiétante. Il en coûta, dit-on, la vie à plus d'un. Or ces animaux sont pacifiques, sauf pour les cocotiers parmi lesquels ils effectuent des raids ravageurs.

Mais voici qu'il y a deux mille ans, venu de Malaisie et d'Indonésie par voie maritime, puis d'Afrique, débarqua l'homme, qui devait si promptement transformer les milieux naturels de la Grande Île. Les Lémuriens, ces primates archaïques en qui il est permis de voir nos lointains ancêtres, firent les frais de l'irruption de leurs encombrants cousins.

Car tous ces Lémuriens endémiques sont menacés par le recul rapide des forêts qu'ils habitent. Plusieurs initiatives ont été prises pour les protéger : ainsi cette réserve pour aye-aye, sur l'île de Nosi Mangabé. Mais la prompte désertification de la Grande Île, la faiblesse des moyens engagés, la rareté des compétences rendent la tâche difficile. À Madagascar, ce ne sont pas seulement les plantes et les animaux qui sont en péril, c'est l'île elle-même.

Les grands Lémuriens ont d'ailleurs disparu de longue date : ils avaient la taille du gorille. Les Aepyornis, oiseaux géants de 3 mètres de haut, pesant près de 450 kilos, n'ont pas davantage survécu, non plus que les tortues géantes qui étaient quasiment seules à pâturer l'herbe de l'île, hors la concurrence des multiples herbivores continentaux qui n'ont jamais pu s'implanter sur l'île. Tout cela s'est évanoui entre le XVIe et le XIXe siècle, tandis que s'allongeait la liste des espèces « éteintes » dans les répertoires faunistiques internationaux. On notera qu'ici, les « gros » sont partis les premiers, victimes surtout de la chasse, tandis que les petites espèces parvenaient à passer entre les gouttes... Telle est la manière dont on se représente aujourd'hui la colonisation animale de Madagascar. Une façon de voir qui pourrait bien avoir beaucoup changé dans quelques décennies tant sont incertaines encore nos connaissances en matière d'évolution.

Et la flore ? Très originale, elle aussi. Avec plus de 80 % d'endémiques, elle compte d'étonnantes collections de végétaux qui n'existent nulle part ailleurs. Sait-on, par exemple, que les baobabs, arbres typiquement africains, poussent aussi à Madagascar, à cette différence près que l'Afrique n'en compte qu'une seule espèce, et Madagascar, en sus de celle-là, sept autres, toutes endémiques ? Qui croirait que ces arbres énormes, aux troncs gonflés comme des outres, illustrent l'une des plus remarquables adaptations à la sécheresse du monde végétal ? Car ces troncs sont bel et bien des outres remplies d'eau, constituant de colossales réserves que les Malgaches mettent à profit en années sèches : ils coupent l'arbre, le débitent longitudinalement, et l'offrent à leurs troupeaux en guise d'abreuvoir. Un très gros baobab peut contenir dix tonnes d'eau.

Le plus gros baobab de Madagascar est un échantillon du classique baobab africain[1]. Il pousse au nord de l'île, à Mahunga, sur le front de mer, et sa circonférence à la base du tronc dépasse 14 mètres. En raison de leur taille et de leur tour de taille, les baobabs figurent naturellement dans les « livres des records » qui leur attribuent des âges eux aussi records : 5 150 ans dans le *Quid* ! Un record, on l'a vu, tombé de longue date...

Le plus beau des baobabs malgaches est le baobab dédié au botaniste Alfred Grandidier[2] : c'est une splendeur du règne végétal, présent dans la forêt de l'Ouest, autour de Morondava. Entre cette localité et Belo-sur-Mer, la route est bordée de ces géants élancés, au tronc absolument lisse et nu qui va s'amincissant pour se terminer par de maigres ramures, ce qui confirme tout à fait l'impression qu'ils ont été arrachés par le Diable et replantés les racines en l'air, comme aiment à dire les Malgaches. Par la

1. *Adansonia digitata.* Bombacées.
2. *Adansonia grandidieri.* Bombacées.

grossièreté de leurs formes, la disproportion de leurs organes, ils évoquent ces jeunes phocomèles, pauvres enfants victimes de la Thalidomide, aux bras réduits à des moignons. Leur écorce a la bizarre capacité de se régénérer en permanence, ce qui rend leur désécorçage inoffensif. Plus extraordinaire encore par sa forme est le baobab de Suarez à fleurs rouges, dont le tronc très épais et les deux ou trois maigres branches partant à l'horizontale évoquent un tire-bouchon. Au moins aussi étrange, le baobab fony, présent dans le *bush* aride du Sud-Ouest : c'est un petit baobab de 2 à 5 mètres de haut, avec un tronc monstrueusement épais et des branches qui, lorsque l'arbre est défeuillé, durant l'hiver austral, ressemblent tout à fait à des racines. On croirait voir de grosses outres posées à même le sol. Ce n'est plus un arbre-bouteille, mais un arbre-bonbonne !

Mais les baobabs ne sont pas les seules espèces à mettre de l'eau en réserve dans leur tronc. On n'en finirait pas de dresser à Madagascar le catalogue des arbres et arbustes « bouteilles », « outres » ou « citernes ». On n'en sélectionnera qu'un seul, le Pachypode de baron [1] : imaginez un vase ventru puis effilé — le tronc —, posé à

1. *Pachypodium baronii.* Apocynacées.

même le sol, d'où part un magnifique bouquet de superbes fleurs roses, des fleurs dont les cinq pétales sont disposés en hélice, chacun d'eux étant recouvert par le précédent et recouvrant, sur ses bords, le suivant. Comme chez les baobabs, les feuilles tombent à la saison sèche, ce qu'il faut considérer comme un autre moyen de résister à la sécheresse : en supprimant ces organes transpirants, les végétaux réduisent du même coup leur sudation, donc leurs besoins en eau. Quand le sol est sec ou, sous nos climats, gelé, l'eau n'y est plus disponible ; les arbres ont « inventé » cette façon de se mettre ainsi en hibernation en se débarrassant de leur feuillage. Puis, avec les pluies, reviennent les feuilles, et, avec elles, la photosynthèse reprend.

La plupart des Pachypodes sont épineux. Autre stratagème courant chez les plantes des zones arides qui, en remplaçant les feuilles par des épines, s'épargnent en quelque sorte structurellement les déficits hydriques causés par la sudation, puisque les épines ne transpirent pas. Elles coexistent tantôt avec des feuilles caduques, tantôt avec des tiges vertes et grasses. Car il faut bien qu'il y ait des tissus verts pour permettre la photosynthèse !

On songe ici aux cactus, mais il n'y a pas de cactus en Afrique : la famille des Cactacées est exclusivement américaine. À une exception près, toutefois : le genre *Rhipsalis* s'est spontanément exporté d'Amérique en Afrique grâce à la capacité de ses graines à se laisser porter par les courants marins. C'est ainsi qu'un *Rhipsalis* [1] figure dans la flore malgache : cactus sans épine véritable acrobate de l'écologie, puisqu'il vit aussi bien sur les rochers arides que perché sur les arbres des forêts tropicales humides.

Mais si Madagascar est quasiment privée de cactus [2], elle bénéficie en revanche d'espèces cactiformes particulièrement spectaculaires. On y trouve notamment bon nombre d'euphorbes qui, par leur port, ressemblent à s'y méprendre à des cactus. Seules les fleurs permettent de faire la différence : celles des euphorbes sont minuscules ; celles des cactus, de belles dimensions et très ornementales. En l'absence de fleurs, les euphorbes néanmoins se trahissent, car à la moindre blessure, elles sécrètent un latex blanc ou gommeux, souvent toxique, abondant ; ce que ne font jamais les cactus.

1. *Rhipsalis cassitha*. Cactacées.
2. Les cactus qu'on y trouve ont tous été importés d'Amérique par l'homme.

La Grande Île s'enorgueillit aussi de compter une famille entièrement endémique dont les onze espèces ressemblent étrangement à des cactus : les Didiéréacées, du nom du botaniste Alfred Grandidier. Elles forment, avec les euphorbes cactiformes, une végétation dense et spécifique du Sud-Ouest malgache : le *bush*. Le *bush* compte près de 100 % d'endémiques, une sorte de record mondial.

Malheureusement, aux difficultés économiques que connaît Madagascar s'est ajoutée, ces dernières années, la sécheresse ; et qui dit sécheresse dit abattage intensif des arbres survivants. Il fallait agir. Mandés par le Conservatoire et jardin botanique de Nancy, Corinne Henry-Chartier et Philippe Henry [1] ont effectué en 1993 une mission visant à collecter graines et boutures issues d'espèces menacées. Du 1er au 15 juillet, Corinne et Philippe ont parcouru 3 500 kilomètres, dont 1 500 dans la zone Sud. Ils ont sillonné des zones peu peuplées, difficilement accessibles, souffrant de leur éloignement avec la capitale, Antananarivo. Au sud d'Ihozy, plus de macadam, mais des pistes défoncées particulièrement dégradées : c'est la zone des

1. C. Henry-Chartier et P. Henry, *Botanique lorraine*, n° 2, 1994.

euphorbes, des Didiéreacées et de certains baobabs endémiques. Trente espèces ont été récoltées ; elles sont « en nourrice » au Jardin botanique de Nancy aux fins de réintroduction dans leur milieu d'origine lorsqu'un nombre suffisant de jeunes plants auront été obtenus.

Mais les Didiéréacées ne posent pas seulement des problèmes de conservation aux botanistes ; elles leur ont aussi posé des problèmes d'identification. Il leur fallait répondre à la question : que sont donc ces Didiéréacées qui ressemblent aux Cactées et aux Euphorbes cactiformes mais qui, comme l'attestent leurs fleurs originales, ne font partie ni des unes ni des autres ?

Plusieurs espèces forment des sortes d'énormes bouquets de rameaux cactiformes, hérissés d'épines dressées ; ils peuvent atteindre de 10 à 15 mètres de hauteur [1]. D'autres prennent la forme d'un arbre à tronc s'épanouissant en parasol comme les Acacias des savanes [2]. Une autre espèce [3] encore laisse ramper ses jeunes rameaux verts, piquants et charnus sur le sol, après quoi surviennent des redressements verticaux d'où partent des pousses

1. *Didierea madagascariensis.* Didiéréacées.
2. *Alluaudia comosa.* Didiéréacées.
3. *Didierea trollii.* Didiéréacées.

horizontales, ce qui donne à l'ensemble un curieux aspect de réseau ou d'échafaudage. Toutes ces espèces, à l'exception d'une seule, sont munies de fortes épines.

Ces plantes grasses possèdent en outre de petites feuilles normales, plates, simples, légèrement succulentes, qui tombent à la saison sèche. Comme des volets vénitiens, elles sont disposées de telle sorte qu'elles ombragent la tige en exposant au soleil tantôt leur limbe, tantôt leur tranche, changeant d'orientation au cours de la journée pour tenir compte de la révolution solaire. Rien de plus impressionnant que de voir ces énormes pseudo-cactus se dresser au sud-est de Madagascar dans des zones où le déboisement progresse sans cesse et où leur avenir se trouve gravement menacé. En fait, c'est entre les mains des collectionneurs de Cactées et de cactiformes, nombreux et compétents, que gît en grande partie l'avenir de nos Didiéréacées.

La première Didiéréacée connue fut baptisée *Didierea madagascariensis* par le botaniste français Baillon en l'honneur de son élève et ami Alfred Grandidier dont il souhaitait honorer ainsi le nom. Il l'avait d'abord baptisée *Grandidiera*, mais Alfred Grandidier avait déjà une espèce aquatique à son nom. Pour éviter toute confusion,

Baillon réduisit donc l'appellation du genre en *Didiera,* puis, pour une raison mystérieuse, finit par le nommer *Didierea.*

Dans plusieurs notes au Muséum national d'Histoire naturelle de Paris, Baillon fait part de ses difficultés à trouver la famille botanique dans laquelle classer ces *Didierea.* Il commence par éliminer l'hypothèse d'un de ses collègues qui en fait une Euphorbiacée ; de fait, la simple observation des fleurs prouve à l'évidence qu'il n'en est rien. Après avoir agité et discuté plusieurs autres hypothèses, il finit par classer les *Didierea* dans la famille des Sapindacées, qui n'est nullement celle des sapins, mais celle du litchi chinois.

Vint alors le botaniste Radlkofer, qui plaça les *Didierea* à proximité des Polygonacées, la famille de la rhubarbe. Hypothèse aussitôt contestée, arguments à l'appui, par le botaniste Choux qui ne voulut voir figurer les *Didierea* ni parmi les Sapindacées, ni chez les Polygonacées, encore moins du côté des Euphorbiacées... Pour ce genre baladeur aux affinités incertaines, il créa en 1929 une famille spéciale et nouvelle, exclusivement représentée à Madagascar par 11 espèces : la famille des Didiéréacées.

Les Didiéréacées se retrouvaient ainsi bien chez elles après des décennies de turbulences. Mais l'énigme de leur position dans la classification botanique n'était pas résolue pour autant, et le petit manège de la chaise musicale reprit. Si, désormais, l'on considérait qu'elles formaient à elles seules une famille, encore fallait-il trouver la position de celle-ci, relever ses affinités dans ce vaste arbre généalogique qu'est la classification des végétaux. Après de multiples hypothèses qui promenèrent les Didiéréacées de-ci, de-là, c'est finalement grâce à leurs caractéristiques chimiques que le dilemme fut tranché : en effet, comme les Cactées dont elles sont manifestement affines par un grand nombre de leurs traits botaniques, et comme les Mésembryanthémacées, illustrées dans les déserts sud-africains par les fameuses « plantes-cailloux », les Didiéréacées contiennent une variété particulière de pigments : les béta-cyanines, qu'on ne rencontre dans le règne végétal que dans un seul et unique groupe. On a donc considéré que ce facteur était suffisamment déterminant et spécifique pour prouver l'affinité des Didiéréacées et des Cactacées, elles-mêmes classées dans ce même groupe en tant que cousines. Ainsi n'était-il pas tout à fait faux de voir dans les Didiéréacées les « cactus de Madagascar » ! Ces béta-cyanines, spécifiques d'un tout petit groupe de familles que ce caractère rapproche naturellement, évoquent à la fois les betteraves (« béta ») et la couleur bleue (« cyanine ») : ils désignent une belle collection de pigments, dont notamment celui des betteraves rouges (mais non des choux rouges !).

Nous poursuivons notre visite de la Grande Île par où il eût sans doute fallu la commencer : en découvrant l'Arbre du Voyageur, symbole de l'île. Le célèbre *Ravenala* [1] — mot à mot : « la feuille de la forêt » — ressemble par ses feuilles à un bananier, mais possède un tronc. Ses grandes feuilles sont disposées sur un seul plan, donnant à l'arbre l'allure d'un ample éventail. Au sommet du tronc, elles se recouvrent les unes les autres, formant une sorte de tressage du plus joli effet. L'eau s'accumule à leur base et l'arbre est censé être à même d'étancher la soif du voyageur — d'où son nom. En fait, il n'étanche rien du tout, car mouches, moustiques, larves et insectes divers grouillent dans cette eau, lui conférant une allure peu ragoûtante ! Mais l'admirable prestance de l'Arbre du Voyageur a suscité sa dissémination dans tous les jardins tropicaux.

1. *Ravenala madagascariensis*. Strelitziacées.

À Madagascar, le *Ravenala* forme d'immenses peuplements sur les collines de l'Est, de sorte que l'espèce ne semble nullement menacée. Vue de loin, cette population de grands éventails verts évoque l'antique cour de Byzance où les *flabelli*, éventails en plumes d'autruche, cette fois, entouraient et rafraîchissaient le souverain, avant d'aller tenir le même rôle à la cour du pape. Ils en disparurent, suivant le vœu de Paul VI, en même temps que l'inconfortable *sedia gestatoria*...

Toujours à Madagascar, des Orchidées offrent une autre impressionnante collection d'originalités botaniques. Et notamment, le très fameux *Angraecum sesquipedale*, l'une des espèces-phares parmi les mille espèces d'Orchidées malgaches (chiffre supérieur à celui des Orchidées africaines). Cette Orchidée, dite orchidée-comète, possède de vastes fleurs blanches d'où part un éperon qui mesure pas moins de 35 centimètres de long. En 1862, Darwin, travaillant sur la famille des orchidées, se demanda quel insecte pouvait posséder une trompe assez longue pour réussir à puiser le nectar dans un tel conduit. Quarante et un ans plus tard, un sphynx à trompe longue de 30 centimètres fut découvert et baptisé *Xanthopan morgani praedicta* (insecte dont la découverte avait été prédite par l'homme). Ces lépidoptères géants et nocturnes vivent en faible densité dans les forêts humides de l'Est ; pour les attendre, les fleurs de l'orchidée restent fraîches très longtemps, émettant leur délicieux parfum dans l'espoir de voir arriver l'un des pollinisateurs « prédits ». Malheureusement, ils sont si rares qu'il n'en vient que bien peu.

Plus étrange encore est l'histoire des Orchidées sud-américaines du genre *Habenaria* ; ici, c'est le processus inverse qui s'est produit : on découvrit d'abord un sphynx à très longue trompe, toujours enroulée sur elle-même ; c'est à partir de cette trompe que l'on « prédit » puis finit par trouver l'orchidée qui, vu la longueur de son éperon, devait en être l'unique bénéficiaire. À Madagascar, les amours sont de surcroît nocturnes : la fleur étincelle d'une lumineuse blancheur pour attirer et accueillir son sphynx.

Ces phénomènes de dépendance entre fleur et insecte pollinisateur sont fréquents dans la famille des Orchidées. Ici, le raffinement technologique, illustré par la longueur respective de la trompe et de l'éperon, engendre la perte d'autonomie des partenaires. On voit même des Orchidées tropicales pousser plus loin encore leur degré de dépendance : celle-ci s'exerce à l'égard de l'arbre qui les porte (car elles sont incapables de vivre enracinées au sol), des champignons qui les nourrissent (car leurs racines ne sont que tardivement fonctionnelles), des insectes qui les pollinisent, et même des fourmis qui les défendent... Seules, incapables de survivre, elles ne sont rien.

On ne peut qu'être surpris de constater à quel point des évolutions parallèles se dessinent dans les sociétés humaines. D'abord dépendant de la nature et du temps, l'homme des champs est devenu urbain ; il dépend désormais davantage de la société que de la nature, car c'est bien la première qui lui offre à présent — ou lui refuse ! — son emploi, sa subsistance, sa protection, ainsi que de multiples services et prestations. Et voici qu'apparaissent, à l'orée du troisième millénaire, de nouvelles dépendances : l'*homo technologicus* fait désormais corps avec toutes sortes d'artefacts, véritables prothèses au premier rang desquelles figurent la voiture, mais aussi les portables (ordinateurs, téléphones, etc.), et de multiples gadgets qui se sont comme greffés sur l'homme moderne... Sans la riche panoplie de ces engins, l'homme non plus n'est (ou ne se sent) plus rien.

Ainsi, aux deux sommets de la Vie, chez l'Homme comme chez l'Orchidée, famille la plus évoluée du règne végétal, la haute sophistication entraîne de grandes dépendances et engendre de ce fait une plus grande vulnérabilité. Goethe avait perçu ce risque lorsqu'il écrivait : « L'extrême perfection de la forme crée l'extrême fragilité. »

Extrême fragilité de nos sociétés, en effet, croulant sous leurs accessoires sophistiqués, mais menacées aussi bien de pannes d'ordinateurs que de « fracture sociale »... Faute, sans doute, d'un projet aussi ambitieux que peut l'être par exemple, pour chacun, la difficile maîtrise de son être intérieur dans toutes ses dimensions... Une préoccupation que la société du « tout économique » et du « tout technologique » tient soigneusement à l'écart.

La nuit tombe sur Madagascar. Lors de leur prochaine circonvolution autour de la Terre, les cosmonautes ne verront pas la Grande Île plongée dans le noir. Demain, ils ne verront pas davantage ses teintes ocres qui remplacent peu à peu sa verte parure de naguère, aujourd'hui en si pitoyable état. Car Madagascar en son entier est menacée d'une destruction systématique de sa végétation, du fait du surpâturage et d'une intense surexploitation. Sur cette île-continent où 80 à 85 % des espèces végétales sont endémiques, c'est une partie essentielle de l'histoire de la planète qui se joue. Pour qui a contemplé ses insolites compositions d'Euphorbes cactiformes arborescentes et de Didiéréacées au corps charnu, muni d'épines acérées, piquetées çà et là d'un baobab, il est évidemment impossible d'imaginer un paysage identique ou même homologue en quelque lieu du globe que ce soit.

On voudrait formuler ici un vigoureux appel à la protection des trésors biologiques de la Grande Île qui, en raison de son taux exceptionnel d'endémisme, mériterait de figurer dans sa totalité dans le patrimoine de l'humanité à sauvegarder.

CHAPITRE 11

Aux Seychelles, il y a cocotier et cocotier

Il est une magie propre aux Seychelles ; chaque îlot de cet archipel perdu de l'océan Indien porte un nom délicieusement « rétro » : Frégate et Silhouette, Grande Sœur et Petite Sœur, Marianne et Félicité, Grise et Curieuse, La Digue, Les Vaches et Les Oiseaux... Sans compter les deux « mastodontes » : Mahé, avec ses 144 km^2, et Praslin, avec ses 45 km^2. Les petites îles sont des atolls ; les grandes, des môles granitiques, statut fort rare pour des terres qui, à forte distance des côtes, sont en général plutôt d'origine volcanique. Ce n'est pas le cas ici.

Ces môles granitiques signent l'origine lointaine de l'archipel qui constitue un petit morceau de l'ancien continent de l'hémisphère Sud : le Gondwana. Celui-ci commença à se disloquer il n'y a pas moins de 250 millions d'années. Quant aux môles eux-mêmes, on estime qu'ils remontent à 600 millions d'années : impressionnantes reliques d'un continent perdu !

L'apparition de l'homme aux Seychelles est tardive. Elles ont été découvertes par les Portugais au XVIe siècle. Il faut attendre la première relation de Jean Jourdain, en 1609, pour apprendre que ces îles étaient alors couvertes de vastes forêts et peuplées d'animaux tels que tortues géantes, crocodiles, et une multitude d'oiseaux. Sous Louis XV, la mission Nicolas-Marion Dufresne apporte quelques précisions : on insiste sur les nombreux palmiers, sur les dimensions impressionnantes des arbres, et surtout sur les énormes sauriens, ne mesurant pas moins de 6 mètres de long. Bien entendu, là comme ailleurs, l'exploitation des richesses locales est immédiatement entreprise. Les premières occupations humaines stables voient le jour en 1770. Puis le désastre napoléonien fait passer l'archipel des mains des Français à celles des Anglais dont il devient en 1814 une colonie, rattachée à l'île Maurice. Ces changements donnent une nouvelle impulsion à l'exploitation systématique des forêts et à l'introduction de plantes étrangères destinées à l'agriculture et à l'horticulture. En quelques décennies, le paysage se trouve totalement modifié. Les tortues indigènes disparaissent en 1810, le dernier crocodile est tué en 1830, et, dès 1874, John Horne rapporte que les arbres d'origine susceptibles d'être encore exploités ne persistent plus que dans les zones montagneuses les moins accessibles.

Aussi la végétation recouvrant aujourd'hui l'archipel est-elle radicalement différente de celle découverte par les premiers Portugais. Plus de sept cents espèces y ont été introduites, la plupart cultivées, d'autres à demi sauvages. Et l'on n'en finirait pas de dresser la liste des plantes ornementales ou alimentaires qui font de ces îles un extraordinaire paradis tropical avec ses couleurs et ses fragrances, ses bois précieux, ses épices, ses fleurs somptueuses et ses fruits exotiques. Cette invasion pacifique a fait refluer les espèces végétales indigènes vers les milieux les plus ingrats ou reculés : au sommet des montagnes, sur les falaises granitiques où l'on trouve encore un peu de terre résiduelle quasi impropre à la culture. Les premiers occupants végétaux de l'île ont pu trouver là des zones refuges, de sorte que la plupart des espèces d'origine y ont survécu, même si certaines sont visiblement arrivées au bord de l'extinction. Ces espèces n'ont plus l'avantage du nombre puisqu'on en compte en gros 250, contre les 700 espèces introduites. Parmi ces 250 espèces, 75 sont endémiques et 80 sont des fougères.

Ces espèces indigènes réfugiées dans des milieux marginaux impropres à toute culture sont aujourd'hui dispersées et ne forment plus de communautés naturelles telles qu'on aurait pu en décrire à l'époque où l'archipel était encore vierge de toute intervention humaine. Les explorateurs ont jadis décrit de vastes forêts occupant des vallées fertiles dont il ne reste aujourd'hui plus la moindre trace. C'est là une conséquence bien connue des grandes invasions végétales suscitées par l'homme : elles ont toujours pour conséquence la destruction des communautés d'origine dont les spécimens rescapés se dispersent çà et là dans le désordre, perdant tout lien naturel avec leur écosystème d'origine qui, lui, n'existe plus.

Une comparaison se révélera ici particulièrement éclairante. Le temps n'est plus où existaient, dans nos bourgs et nos villes, des quartiers associant immeubles d'habitation et nombreux corps de métiers, artisans et commerçants. L'ambiance de ces quartiers anciens, remontant parfois au Moyen Âge, a totalement changé avec l'irruption des hypermarchés à proximité immédiate des agglomérations et qui offrent des parkings gratuits, ce que ne pouvaient faire les commerces de quartier. Cet avantage sélectif, pour reprendre la terminologie darwinienne, favorisa indûment les grandes surfaces périphériques, bouleversant le paysage urbain. On assista à une lente débandade des habitants et animateurs des centres urbains, à la fermeture des petits commerces, à la désaffection des ateliers artisanaux, cependant que des projets de substitution, tels que promotions immobilières accessibles par priorité aux classes les plus aisées, reléguaient les personnes âgées et les familles les moins favorisées dans les grands ensembles de banlieue... Ces évolutions entraînèrent une complète destructuration des communautés d'origine, avec les maux qui en résultent : les individus arrachés à leur milieu, marginalisés, « réfugiés » ici ou là, souffrent d'isolement et de rejet, justement du fait de ce processus d'« exclusion compétitive » à l'œuvre chez les hommes comme chez les plantes et qui élimine les plus vulnérables au profit des plus forts. Si les rescapés de l'ancienne végétation des Seychelles pouvaient parler, ils ne diraient pas autre chose...

Car c'est exactement ce qui s'est passé pour les végétations primaires brusquement soumises à l'intense pression de plantes importées d'ailleurs du fait de l'homme. Il n'en reste plus aujourd'hui que de maigres lambeaux dispersés çà et là, tandis que les cultures modernes les ont remplacées et sont souvent en passe de les détruire entièrement. Les ultimes endémiques se sont repliées dans des lieux ingrats où elles tentent de faire face à l'envahissement compétitif des plantes de grandes cultures déboulant sur elles comme les hypermarchés sont montés à l'assaut des villes...

C'est donc sur les chaînes centrales des grandes îles, en particulier au Morne seychellois, à Mahé, que l'on ira dénicher deux endémiques originales et devenues aujourd'hui extrêmement rares.

La première est le fameux médusagyne [1] des Seychelles, qui doit son nom à la dénomination créole de « bois-méduse ». Une dénomination qui, si elle a persisté, montre bien que ce bois était jadis plus répandu qu'il ne l'est aujourd'hui. Cet arbre haut de 8 à 10 mètres fut découvert en 1903, puis redécouvert en 1970, mais dans un site différent ; il n'en reste plus que 46 indi-vidus, répartis sur deux localités. Comme c'est souvent le cas pour des espèces anciennes à

1. *Medusagyne oppositifolia*. Medusagynacées.

la limite de l'extinction, ses potentialités de régénération sont faibles, et plusieurs tentatives ont été effectuées, sans grand succès, pour le réimplanter et le cultiver en jardins et conservatoires. Les 46 spécimens répertoriés dans la nature — près d'énormes blocs granitiques — sont tous des adultes et semblent avoir perdu toute possibilité de se reproduire. Francis Friedmann, botaniste au Muséum national d'histoire naturelle, suggère qu'à l'origine, le médusagyne fut adapté à un climat beaucoup plus humide ; son histoire évoquerait celle du cyprès du Tassili, les deux mètres annuels de pluviométrie du climat seychellois actuel ne suffisant plus à cet arbre particulièrement avide d'eau.

Mais le médusagyne pose un autre problème aux botanistes : celui de l'architecture originale de sa fleur qui ne permet de le classer dans aucune famille connue. Il a donc fallu considérer cette plante comme le type et l'unique espèce d'une famille tout exprès créée pour elle : la famille des Médusagynacées. Le médusagyne seychellois porte des fruits très caractéristiques disposés en une sorte de petit parasol renversé, manche en l'air. Le tout ressemble bel et bien à une méduse, d'où le nom de l'arbre.

Mon ami Pierre Valck, conservateur honoraire des Jardins botaniques de Nancy, a rencontré les médusagynes dans leurs sites escarpés du centre de Mahé, au cours de la mission qu'il accomplit sur cette île pour le tournage de notre série télévisée *L'Aventure des Plantes* [1], signée avec Jean-Pierre Cuny. Il a ramené à cette occasion des graines dont deux ont germé en serre et semblent croître normalement. Sur les plans botanique et écologique, les médusagynes constituent donc une grande curiosité : cas très rare d'une espèce au bord de l'extinction et qu'il est impossible de rapprocher d'aucune autre plante connue ; encore plus isolée, en somme, dans la classification botanique qu'elle ne l'est sur le terrain parmi la végétation des Seychelles !

Très réputée aussi dans le Morne des Seychelles, une espèce endémique de népenthès [2]. Comme chez toutes les espèces de ce genre carnivore, la nervure centrale des feuilles s'épanouit à leur extrémité en une urne élégante, capable de digérer les insectes qui s'y risquent. Cette plante lianescente, qui peut grimper sur les

1. *L'Aventure des plantes n° 2* est édité en cassettes-vidéo chez Canal + Vidéo, Paris.
2. *Nepenthes pervilei.*

arbres, peut aussi se répandre sur des roches granitiques absolument nues où elle survit grâce à l'humidité nocturne qui est de règle à ces altitudes. Les insectes qui se font prendre dans ses urnes lui apportent le complément de nourriture azotée que le granit est bien incapable de lui fournir. On note chez ce népenthès l'élégance particulière du clapet qui ferme les urnes, emprisonnant les insectes. Quant aux urnes elles-mêmes, elles arborent un ventre renflé, passant d'un beau vert clair au rouge tendre.

Mais il importe maintenant de quitter ces mornes granitiques pour descendre vers la mer ; c'est vers l'île de Praslin que l'on se dirigera, à la recherche du légendaire palmier des Seychelles. Légendaire car, durant des siècles, on en connaissait les graines — énormes, obèses, obscènes — sans pouvoir les rattacher à quelque espèce d'arbre connu que ce fût.

La découverte en 1768 du cocotier de mer sur l'île de Praslin et sur l'île de Curieuse, où il vit toujours, a été le fruit d'une longue aventure. De nombreuses fables entouraient cet arbre mythique qui ne laissait voir de lui-même que ses graines, entraînées par la mer à des milliers de kilomètres de distance. Quant à l'arbre lui-même, nul ne l'avait jamais vu, car on ignorait l'archipel des Seychelles, et il ne pousse nulle part ailleurs.

La légende veut que le privilège d'avoir découvert le mystérieux cocotier de mer et aperçu pour la première fois ses énormes fruits sur l'arbre, soit revenu à un garçonnet de Java, seul survivant d'un naufrage survenu dans l'océan Indien, dont il aurait été sauvé par un garouda et déposé dans un de ces arbres... Le garouda appartient à la mythologie des oiseaux, comme le cocotier de mer appartenait jadis à celle des plantes. Vénéré en Indonésie, il est devenu aujourd'hui le symbole des lignes aériennes de ce pays. Les garoudas étaient censés être des oiseaux géants capables de transporter, serrés entre leurs pattes, un bœuf, voire un éléphant, bien entendu aussi, *a fortiori*, un petit garçon... Telle est l'histoire que narrèrent des siècles durant les habitants de la côte de Malabar, en Inde, de même que ceux de Ceylan qui ramassaient de temps à autre sur leurs plages de grosses noix brunes, venues s'échouer sur le rivage après avoir dérivé en mer. Or ces noix venaient toujours de l'Ouest, de sorte qu'on en localisait l'origine dans les îles Maldives. D'autres prétendaient qu'elles se détachaient d'arbres vivant au fond de la mer, d'où aussi leur nom de « cocos de mer ». En raison de leur couleur brun foncé et de leurs formes bilobées, singulièrement suggestives, on les a appelées aussi « cocofesses », ou encore « culs de négresses »... Une telle forme ne pouvait qu'évoquer de puissantes propriétés aphrodisiaques, de sorte que les quelques noix qui atterrissaient çà et là, entières ou brisées, avaient une valeur considérable et revenaient de droit au potentat local.

Il fallut attendre la fin du XVIIIe siècle pour que l'expédition Marion Dufresne découvrît en 1768 le palmier sur un îlot des Seychelles baptisé Praslin en hommage à Gabriel de Choiseul, duc de Praslin, ministre de la Marine de Louis XV. Le « cul de négresse » lui fut dédié d'où, sans doute, l'expression un peu grivoise alors de « cucul la Prasline » !... On sut dès lors que ces noix provenaient en fait de l'archipel des Seychelles. C'est à partir de là que la vallée de Mai, à Praslin, couverte de ces cocotiers, connut la célébrité qu'elle conserve encore aujourd'hui. Quatre mille arbres occupent ses versants, les plus âgés dépassant, pense-t-on, 800 ans et pouvant atteindre 35 mètres de hauteur. Les feuilles sont en proportion de la taille des noix, avec une longueur de 4 à 6 mètres et une largeur de 2 à 4 mètres. Elles comptent, avec celles de certains raphias, parmi les plus grandes du règne végétal.

Les arbres sont soit mâles, soit femelles. Les mâles portent des épis cylindriques de 1 à 2 mètres de longueur, sortes de puissants pénis constellés de fleurs en forme de minuscules étoiles jaunes sur lesquelles circulent habituellement des geckos [1] verts dont on ne sait pas exactement s'ils jouent ou non un rôle dans la pollinisation. Les épis femelles ont également 1 à 2 mètres de long ; ils portent 5 à 13 grosses fleurs verdâtres. Le fruit est une énorme masse ovoïde revêtue, comme la noix de coco, d'une enveloppe verte, puis d'une bourre fibreuse recouvrant les deux hémisphères de la noix. La noix elle-même est bilobée, les deux lobes étant soudés comme deux frères siamois. L'ensemble pèse de 10 à 22 kilos. Ce sont les plus gros fruits du règne végétal. Ils demeurent sur le tronc pendant 5 à 8 ans, puis tombent sur le sol, faisant courir au voyageur un risque bien plus considérable que celui que connut Newton en regardant tomber une pomme...

Avec le cocotier de mer, la nature prend tout son temps. Le cocotier femelle ne commence à porter des fruits qu'à l'âge de 25 ans : chaque noix, qui met déjà 7 à 8 ans à mûrir, met de surcroît encore 3 ans pour germer. La germination est spectaculaire :

1. Gros lézards.

l'énorme noix devient franchement exhibitionniste et provocante lorsque le germe émerge de la touffe de poils marquant la commissure de ses deux lobes.

Trop lourdes pour flotter en mer lorsqu'elles sont jeunes, les noix n'acquièrent cette faculté qu'après avoir perdu toute possibilité de germer, de sorte qu'aucun palmier des Seychelles ne germa jamais sur les littoraux lointains des Maldives, des Indes, de Malaisie ou d'Indonésie où les courants marins finissaient par les transporter. Ce palmier est donc condamné à se maintenir là où il existe actuellement, sans aucune possibilité de dissémination. De surcroît, il est tantôt mâle, tantôt femelle, de sorte que même si une graine féconde atteignait miraculeusement un rivage éloigné, encore faudrait-il, pour qu'elle y perpétue l'espèce, qu'elle soit accompagnée d'une autre graine de sexe opposé et que l'une et l'autre germent à proximité suffisante pour pouvoir se féconder. Conditions optimales qui n'ont statistiquement aucune chance de se présenter ! À cela s'ajoute encore le fait que ce palmier est une espèce grégaire : dans les rares sites où il se rencontre aujourd'hui — sur Praslin et Curieuse — il ne pousse jamais isolé. Autant dire que ses possibilités de dissémination naturelle sont nulles.

Coupé des côtes africaines depuis la fissuration du Gondwana il y a 250 millions d'années, ce palmier pourrait être une relique des flores qui peuplaient jadis ce continent. Mais alors, comment expliquer qu'il n'existe plus nulle part au monde, pour ne subsister que sur cette minuscule île de Praslin et sur sa voisine immédiate, Curieuse ? D'où une seconde hypothèse, elle aussi plausible : le palmier des Seychelles serait l'aboutissement d'une longue évolution accomplie sur place à partir d'un lointain ancêtre aujourd'hui disparu. Évolution favorisée par l'isolement de l'archipel qui aurait joué à la fois le rôle d'un laboratoire et celui d'un conservatoire...

Que l'on puisse, à propos d'une espèce aussi typée, formuler deux hypothèses aussi plausibles l'une que l'autre pour tenter d'expliquer son origine, montre à quel point la connaissance de l'évolution des plantes, depuis la conquête végétale des continents, il y a 450 millions d'années, demeure pour l'essentiel une énigme. Ce que nous voyons n'est que l'émergence dans le présent d'espèces qui ont, chacune, leur propre histoire ; mais, dans l'immense majorité des cas, faute de fossiles en quantité suffisante, celle-ci nous échappe, tout comme nous échappe notre arbre généalogique dès que l'on s'éloigne des siècles récents. Ainsi, chez tout biologiste, une modestie de bon aloi, inhérente à l'état d'avancement de nos connaissances, s'impose.

En ce qui concerne notre palmier, la seule histoire que l'on connaisse est précisément celle de sa découverte. Celle-ci appartient quasi simultanément à un certain Barré, membre de l'expédition Marion Dufresne, qui le repéra en 1768, et, aussitôt après, au botaniste Commerson qui, au cours de son tour du monde, le décrivit en 1771. Ce dernier lui donna le nom latin de *Lodoïcea*, en l'honneur de Louis XV. Quant au nom spécifique de *Maldivica*, il évoque les îles où ces noix, déjà dénommées « noix des Maldives », étaient connues depuis fort longtemps, la mer, on l'a vu, y véhiculant et y déposant des fruits morts, dénués de tout pouvoir germinatif. Malgré le fait que la noix ne pousse jamais aux Maldives, ce nom spécifique a été gardé, conformément aux règles de la nomenclature internationale en botanique, laquelle ne conserve jamais que le premier nom donné à une espèce si celui-ci lui a été attribué après le 1er mai 1753, c'est-à-dire après la publication de la première édition de *Species plantarum* de Linné, ouvrage de référence, fondamental en botanique.

Au cours des derniers siècles, le palmier des Seychelles a beaucoup décliné en raison d'une récolte intempestive de ses noix. Afin de protéger l'espèce, cette récolte est désormais strictement contrôlée et leur vente fait l'objet d'un monopole d'État. D'autres mesures de conservation ont été prises, en particulier le classement par l'UNESCO de la vallée de Mai parmi le Patrimoine mondial de l'humanité. Privilège qu'elle partage aux Seychelles avec l'atoll d'Aldabra, universellement célèbre pour ses populations de tortues géantes. Le Morne des Seychelles, quant à lui, avec ses médusagynes et ses népenthès, est classé Parc national. À la suite de ces mesures, le palmier des Seychelles est aujourd'hui cultivé sur plusieurs îles, dont Mahé, Silhouette, Félicité, La Digue et Frégate, ainsi que dans bon nombre de jardins botaniques de par le monde.

Voici donc notre palmier sauvé malgré l'encombrement de ses noix quelque peu monstrueuses, trop grosses et trop lourdes pour nager puis germer à la fois, ce qui constitue un sérieux handicap. La vie révèle ici l'une de ses fantaisies évolutives de nature à contredire les darwiniens de stricte obédience. Car, contrairement à la finalité normale de la sélection naturelle, elle semble favoriser ici un caractère peu propice à l'espèce : ce qu'on a qualifié d'hypertélie. Il en résulte à la longue un déséquilibre grave, conduisant cette espèce à un cul-de-sac. Les exemples de ce phénomène abondent en zoologie : défenses recourbées vers l'intérieur chez les mammouths ; bois excessifs de certains Cervidés (ce qui entrave l'animal dans sa course et affaiblit ainsi l'un de ses moyens de défense : la fuite) ; de même, les pattes démesurées des tipules rendent leur démarche maladroite et difficile : en les coupant d'un coup de ciseau, on améliore la locomotion de ces insectes qui naissent en quelque sorte infirmes ! Bien des espèces handicapées par des organes hypertéliques sont menacées : éléphants accablés par la taille de leurs défenses, insectes à mandibules énormes comme les lucanes, etc. Espérons que le prodigieux développement du cerveau humain, dont le volume a été multiplié par 3,5 en trois millions d'années, ne soit pas une autre manifestation d'hypertélie susceptible d'amener l'homme à sa perte... Après tout, il en a les moyens. Plaise au Ciel qu'il ne succombe jamais à la fatale tentation d'en user !

Mais la vallée de Mai où nous nous étions arrêtés ne se singularise pas seulement pas ses coco-fesses. Cinq autres espèces de palmiers y croissent spontanément, tous endémiques de l'archipel : le palmiste et les lataniers latte, feuille, hauban et mille-pattes. Ce qui contribue encore à augmenter la valeur biologique du site.

L'endémisme n'affecte pas seulement le monde végétal. Plus de la moitié des espèces animales des Seychelles sont également endémiques. La plupart des oiseaux de l'archipel figurent dans ce cas. Ce taux exceptionnel d'endémisme tient au fait que les îles ont été découvertes et occupées beaucoup plus tardivement que la plupart des autres, de sorte que nombre d'animaux ont pu s'y maintenir : des tortues, en particulier, si abondantes sur l'archipel voisin d'Aldabra. Tous les touristes séjournant dans la petite île coralienne de Bird connaissent la célèbre tortue qui laisse sur le sable coralien les traces de son périple quotidien. Quant aux oiseaux, ils disputent aux tortues un vedettariat bien compréhensible si l'on sait que beaucoup d'entre eux sont non seulement endémiques de l'archipel, mais même d'une seule île, voire, sur cette île, d'une seule plage... Ainsi sur Frégate, l'ancienne île des pirates, la pie des Seychelles court sans crainte sur le sol, dévorant des mille-pattes ; il n'en existe plus qu'une trentaine d'individus, tous sur cette seule île, et tous sur sa côte orientale qui mesure à peine deux kilomètres de long... Mais les ornithologues veillent, et la pie des Seychelles est l'un des oiseaux les plus surveillés et les mieux protégés du monde. Tout aussi célèbre est la fameuse veuve des Seychelles, ainsi nommée en raison de la longue traîne noire qu'arbore son mâle — on devrait donc dire « le veuf » ! — ; la femelle, elle, n'a que la tête encapuchonnée de noir. Il n'en existe qu'une trentaine de couples nichant exclusivement sur l'île de La Digue. Enfin, l'île Cousin, que tous les touristes auront longée en se rendant à Praslin, accueille pour sa part la rarissime fauvette des Seychelles ; par mesure de précaution, elle a été réintroduite sur Aride, une île solidement tenue en main par les biologistes du Conseil international pour la Préservation des Oiseaux. Sur cette terre inhabitée, les chercheurs réimplantent les espèces les plus rares et les plus menacées.

Ces remarquables richesses biologiques échappent naturellement à l'attention de la majorité des touristes qui bornent leurs excursions et explorations... à la plage. Eh bien, allons-y à notre tour ! Elle va nous conduire à des constatations inattendues.

Sur le sable fin, à l'ombre des cocotiers, décideurs et managers, comme tout un chacun, oublient l'espace de quelques jours que la vie moderne n'est pas un long fleuve tranquille. Le charme des mers du Sud est irrésistible. Voici donc sur la plage, tendant son long cou vers l'océan, non plus le cocotier des Seychelles, qui ne s'aventure jamais en bord de mer, mais le cocotier tout court. Étranges destins, paradoxalement opposés, que ceux de ces deux palmiers ! Autant le premier vit dans son île replié sur lui-même et n'en bouge pas, autant le second se révèle un navigateur intrépide grâce à ses noix qui, pourvues d'un pouvoir germinatif durable et vigoureux, nagent au gré des courants marins et se disséminent d'île en île, au point qu'aujourd'hui le cocotier est indissociable de tous les littoraux tropicaux du monde entier. À l'inverse de son prédécesseur, il constitue l'exemple d'une espèce douée d'une exceptionnelle faculté de dissémination, au point qu'on ne sait plus trop quelle a bien pu être son aire d'origine... La Malaisie pour les uns, la grande barrière de corail en Australie pour d'autres ?

En Inde, les noix de coco ont connu d'innombrables utilisations religieuses et magiques, parmi lesquelles on retiendra leur rôle de casse-tête indien (et non pas chinois !) : autrefois, après avoir enterré leur mort jusqu'au cou, les gens formant la caste des Samiassis lui voyaient briser sur la tête, par un religieux de leur ordre, un certain nombre de ces fruits sacrés, jusqu'à ce que le crâne fût lui-même tout concassé. Cette coutume avait pour but, supposait-on, de faciliter à l'âme sa sortie du corps par une ouverture plus honnête que la bouche, les oreilles, voire d'autres issues que ces Indiens regardaient comme impures.

Le cocotier, espèce prolifique s'il en est, est comparable à l'Amérique qui a diffusé sa civilisation dans le monde entier au point qu'on finit par ne plus même se souvenir que la toute première révolution industrielle a pris naissance il y a deux siècles et demi en Grande-Bretagne... Le palmier des Seychelles, en revanche, est assimilable à Tristan Da Cunha, l'île la plus perdue du globe, à 2 120 kilomètres au sud de Sainte-Hélène. Par comparaison avec ses 295 habitants, Sainte-Hélène, dont elle dépend, paraît surpeuplée. Tristan Da Cunha, découverte par le navigateur portugais du même nom en 1506, symbolise l'isolement à l'état pur. Mais, comme on trouve toujours plus petit que soi, plus isolée encore est l'île « Inaccessible », au sud de Tristan Da Cunha et qui en dépend, sans aucun habitant mais couverte de pingouins...

Nous n'avons guère quitté le bord de mer : belle occasion de spéculer un peu sur les plantes des littoraux tropicaux, si recherchés par les touristes, et celles des jardins d'hôtels qui si souvent les jalonnent. Ces plages se singularisent par une grande « répétitivité » de leurs populations végétales ; on retrouve partout quelques espèces, peu nombreuses, caractérisées par leur aptitude à disséminer, comme le cocotier, leurs graines par voie de mer. Ainsi distingue-t-on un cortège de quelques plantes invariablement présentes sur toutes les plages des mers du Sud. Et d'abord le très fameux « takamaka[1] » qui, avec ses rameaux d'un vert criard, comble les vides laissés béants par les troncs maigrelets des cocotiers. Cet arbre habille et ferme la plage. L'huile de ses graines a des propriétés cosmétiques ; les plus anciens se souviendront de la fameuse publicité diffusée naguère à la télévision sur les bienfaits de l'huile de *Calophyllum*, son nom latin. Vient ensuite l'amandier d'Inde[2], avec ses feuilles qui tournent au pourpre avant de tomber, et ses noix exceptionnellement aptes à nager en mer. Puis le bois de

1. *Calophyllum inophyllum*. Guttiferacées.
2. *Terminalia catappa*. Combrétacées.

rose[1], avec ses magnifiques fleurs jaunes ressemblant à celles des Hibiscus et qui en vingt-quatre heures virent au rouge. Le quatrième représentant de la série est le « veloutier[2] », un buisson qui contribue efficacement à la stabilisation des sables littoraux. Enfin, l'incontournable « gloire du matin[3] », très jolie herbe rampante sur les sables des littoraux tropicaux, dont les fleurs s'épanouissent en effet chaque matin ; ses grosses feuilles presque rondes et ses fleurs d'un mauve tendre sont semblables à celles du liseron. Les graines de ces *Ipomoea* possèdent des propriétés hallucinogènes et sont exploitées à ce titre par les guérisseurs africains ; elles sont similaires à celles d'autres *Ipomoea* d'origine américaine, aux propriétés analogues. Un fameux guérisseur du Bénin me disait un jour qu'en en mangeant quelques graines, « on voit ce qui fait vibrer la mer » ; puis il entrait mentalement en contact avec son père, mort depuis belle lurette, qui lui rappelait les vertus des plantes qu'il lui avait inculquées dans sa jeunesse.

Livrons-nous maintenant à un exercice de style et imaginons que ces cinq espèces

1. *Thespesia populnea.* Malvacées.
2. *Scaevola sericea.* Goodeniacées.
3. *Ipomoea pes caprae.* Convolvulacées.

viennent à être subitement rayées de la carte de la végétation de la planète. Une telle disparition, jointe à celle du cocotier, signerait immédiatement la faillite de toutes les agences touristiques et autres tours-opérateurs, par annihilation de la mythologie propre aux littoraux des mers du Sud, devenus soudain désolés. Une plage tropicale sans cocotiers ? Inimaginable.

Pour parachever ce désastre, il conviendrait de gommer de la carte du monde végétal une petite dizaine d'autres espèces aux noms exotiques qui, d'un bout à l'autre du cercle intertropical, font la magnificence des avenues, des jardins et des parcs, notamment ceux des hôtels de bord de mer... Je citerai le frangipanier, avec ses magnifiques fleurs en roue ou en hélice, blanches, roses ou rouges ; l'alamanda aux éclatantes fleurs jaunes ; le flamboyant et le tulipier du Gabon : leurs superbes fleurs rouges en font sans doute les plus beaux arbres du monde ; l'orgueil de Chine, avec ses fleurs jaunes ou pourpre, aux couleurs des temples bouddhiques, et ses grandes gousses allongées ; l'acalypha, avec ses longues queues de renard violacées et veloutées ; les albizzia, grands arbres au feuillage de mimosa et aux fleurs d'un bleu éclatant, comme d'ailleurs celles du jacaranda ; enfin, les gardénias aux somptueuses corolles. Autant de plantes et de noms légendaires associés à l'évocation des tropiques...

Que ces magnifiques espèces viennent brusquement à s'éclipser à leur tour, éventuellement en compagnie de quelques autres encore, et c'en serait fini des « paradis exotiques ». Car ce qui frappe le botaniste, qu'il se promène dans les allées d'un moderne palace au Brésil, aux Bahamas ou en Guadeloupe, à Nouméa ou à Tahiti, à Abidjan ou à Bangkok, c'est la répétition de ces mêmes espèces qui forment la décoration emblématique standard de tous les jardins tropicaux. Leur disparition porterait un coup fatal à l'exubérance réputée attractive de ces décors.

Conformément à une idée reçue et bien ancrée, la végétation des tropiques frapperait en effet par son extrême luxuriance, par une extraordinaire profusion de fleurs et de fruits, par une gamme de couleurs aussi vives que variées. Or, la réalité est bien différente, et le monde tempéré mériterait ici une juste réhabilitation.

Si l'on considère la forêt tropicale humide, exemple le plus accompli de végétation tropicale, elle semble littéralement dépourvue de fleurs, celles-ci se tenant dans la canopée, hors de portée de la vue des visiteurs cantonnés dans la semi-obscurité du sous-bois. Soumise à un climat toujours égal, privée de saisons, la végétation très dense des tropiques humides méconnaît les formidables floraisons collectives de nos printemps où tant d'arbres se couvrent de la blanche neige de millions de fleurs, inaliénable privilège des régions tempérées. Elle ignore également les fructifications massives de nos automnes, les sols jonchés de fruits savoureux, comme sous nos mirabelliers en Lorraine. La forêt tropicale ne connaît pas non plus la beauté de nos sous-bois printaniers, piquetés d'anémones et de scilles, de primevères, de jacinthes et de ficaires formant un tapis aux mille couleurs : autre apanage de nos régions où le soleil baigne les sous-bois, au début du printemps, et suscite ces abondantes floraisons avant que les arbres ne se revêtent de feuilles et n'y réduisent alors la lumière incidente.

Là où les tropiques marquent leur avantage, c'est dans la permanence de leur végétation, la splendeur de leurs plantes ornementales, leurs fleurs disponibles toute l'année, qui font le charme inimitable de leurs jardins. Pourtant, quiconque a fréquenté la nature sauvage des tropiques — et pas seulement les jardins entourant les hôtels — en retire somme toute une impression de relative monotonie végétale, ce qui n'affecte d'ailleurs en rien l'extrême diversité de la flore [1], à l'exception toutefois des plages et jardins précédemment évoqués, aux espèces indéfiniment répétitives d'un bout à l'autre du globe...

Ce dernier phénomène est particulièrement net sur les plages bordées de cocotiers où la nature a singulièrement simplifié l'écosystème en ne conservant, on l'a vu, que les quelques rares espèces susceptibles de faire voyager leurs graines grâce aux courants marins. Quant aux hôtels qui poussent comme des champignons en bordure de plages, ils constituent eux-mêmes un écosystème humain hypersimplifié, d'un style tout aussi répétitif, témoignant d'une banalité architecturale liée à la quête d'une fonctionnalité toujours plus grande : même apparence, mêmes aménagements standard, mêmes chambres identiquement meublées, etc. Ces bâtisses froides et strictement fonctionnelles prolifèrent désormais sur tous les littoraux exotiques, à l'instar des aéroports qui les desservent, tous pareils également, comme d'ailleurs les gros-porteurs qu'ils accueillent. De

1. La *végétation* évoque la masse végétale, sa physionomie et sa distribution. La *flore* recense les espèces qui la composent.

même, ici et là, sur toutes les chaînes de télévision de la planète, les mêmes feuilletons américains popularisent les mêmes paysages urbains de Californie ou de Floride. Même standardisation encore pour les *fast-food* qui conquièrent à présent les ex-pays communistes et les brousses les plus reculées, proposant à tous les Terriens les mêmes aliments tout préparés et le même Coca-Cola. Dans toutes les capitales se dressent les mêmes quartiers d'affaires avec les mêmes buildings, entourés des mêmes cités-dortoirs, cependant qu'y circulent les mêmes fleuves de voitures vomies par ces mégalopoles... Partout, chaque jour davantage, l'homme se révèle responsable d'une formidable entreprise de standardisation et d'uniformisation de ses milieux de vie, appauvrissement dont on lui apprend à se réjouir à travers les très modernes et fameux concepts de « village global » et de « mondialisation de l'économie ».

Face à cette détestable évolution, à l'œuvre à l'Est comme à l'Ouest, l'âme des terroirs point cependant à nouveau. On voit les folklores, les traditions, les fêtes locales, les spécialités gastronomiques prendre leur revanche et connaître un vif regain d'intérêt. L'homme riposte au rythme endiablé des innovations technologiques et à cette modernité galopante par une forte réaction de réenracinement dans ses traditions, ces dernières tenant lieu en quelque sorte de contrepoids aux premières. On sait aussi combien, parallèlement, montent en puissance, partout dans le monde, fondamentalismes et intégrismes...

Mais ne gâtons pas le plaisir des touristes épris d'évasion. Les jardins tropicaux sont beaux, même si l'on pourrait en attendre une plus opulente diversité. Considérons-les donc comme une simple vitrine des flores les plus diversifiées et les plus riches du monde, qui ne mettrait en valeur que quelques-uns seulement de leurs joyaux. Quoi de plus superbe, en effet, que le flamboyant ou le frangipanier ? l'orgueil de Chine ou le jacaranda ? le gardénia ou l'allamanda ?

CHAPITRE 12

La Réunion menacée par les envahisseurs

L'histoire des Mascareignes est indissociable de celle de l'extinction de l'oiseau qui fut leur symbole : le dronte, ou dodo. Il aura fallu moins de deux cents ans pour que cette espèce soit complètement éradiquée des îles sur lesquelles elle vivait sans prédateurs. Découvertes par le Portugais Diego Días en 1500, ces terres — La Réunion, Maurice et Rodrigues — étaient alors vierges de tout peuplement humain. La douceur du climat, l'exubérance de la faune et de la flore évoquèrent aux navigateurs les charmes du jardin d'Éden. Mais le paysage ne tarda pas à changer et les dodos devinrent rapidement la cible des chasseurs, tandis que l'introduction des rats, des chiens, des chats, des porcs (entre autre bétail) entraînait la prompte disparition de trente espèces d'oiseaux et de sept espèces de reptiles.

Les naturalistes se sont affrontés sur les quelques squelettes et débris de dodos disponibles pour décider de la place de ces derniers dans la classification animale. On a fini par les placer à proximité des pigeons : le dodo aurait été une sorte de gros ramier incapable de voler, maladroit à la course, « lourd et paresseux ». C'est en tout cas sous ces traits que l'on décrivit le malheureux animal dont le dernier spécimen fut exterminé en 1681. Buffon lui-même ne se montra pas tendre envers cette pauvre bête dont il écrivit :

« On regarde communément la légèreté comme un attribut propre aux oiseaux. Mais si on voulait en faire un caractère essentiel, le dronte n'aurait aucun titre pour y être admis. Car loin d'annoncer la légèreté par ses proportions ou par ses mouvements, il paraît illustrer pour nous l'idée du plus lourd des êtres organisés. La grosseur qui, chez les animaux, suppose la force, ne produit ici que la pesanteur. L'autruche et le casoar ne sont pas plus en état de voler que le dronte, mais du moins sont-ils très vifs à la course. Le dronte paraît accablé de son propre poids et n'avoir que la force de se traîner. Il est dans les oiseaux ce que le paresseux est dans les

Quadrupèdes. On dirait que le dronte est composé d'une matière brute, inactive. Il a des ailes, mais elles sont trop faibles ou trop courtes pour l'élever dans les cieux. Il a une queue, mais elle est disproportionnée. On le prendrait pour une tortue qui se serait affublée de la dépouille d'un oiseau et la nature, en lui accordant ces ornements inutiles, semble avoir voulu ajouter l'embarras à la pesanteur, la gaucherie des mouvements à l'inertie de la masse, et rendre sa lourde épaisseur encore plus choquante en faisant souvenir qu'il est oiseau... »

Le dronte est d'ailleurs censé, à l'époque, avoir conscience de son état d'infériorité. Le naturaliste Herbert voit « dans sa physionomie l'empreinte d'une tristesse profonde, comme s'il sentait l'injustice que lui a faite la nature en lui donnant, avec un corps aussi pesant, des ailes tellement petites qu'elles ne peuvent le soutenir en l'air et servent seulement à faire voir qu'il est oiseau, ce dont, sans cela, on serait disposé à douter... » De surcroît, le dronte est taxé d'une parfaite stupidité. Le mot revient souvent dans les descriptions des naturalistes du temps — lesquels, pour la plupart, ne l'ont connu que de réputation, après son extinction. C'est cette « stupidité » qui l'aurait laissé sans défense face aux coups qu'on lui portait sans même avoir besoin de se servir d'armes à feu pour l'abattre. Le dodo n'étant pas craintif, il ne se sauvait pas et se laissait tuer sur place. Bref, cet animal aurait été responsable de sa propre extinction...

Pis encore : non content d'avoir subi le martyre en s'offrant innocemment aux chasseurs et aux soldats, le dronte serait à son tour responsable de l'extinction en cours d'un arbre de l'île Maurice, le *Sideroxylon* [1], dont les plus jeunes individus comptent environ 300 ans. On savait que ces arbres vivaient en relation avec les drontes, seuls capables de les féconder, prétendait-on. Des études récentes ont montré que c'est un tout autre service que ces volatiles leur offraient. En expérimentant sur des dindons, il est apparu que les fruits durs des *Sideroxylon* sont attendris par leur séjour dans le gésier des volailles. Les fruits, rejetés dans les excréments, sont dès lors capables de germer, leur paroi ayant été fortement ramollie par leur passage dans le tube digestif de l'animal. Ainsi peut-on à nouveau espérer sauver ces arbres que leur mode de vie étroitement lié au régime alimentaire des dodos condamnait à les suivre à brève échéance dans la

1. *Sideroxylon sersiliflorum.* Sapotacées.

mort. Tout au moins est-ce là la thèse soutenue par des universitaires américains ; mais, en France où l'on étudie précisément la flore des Mascareignes, elle a suscité quelques contestations.

On constate d'abord qu'il arrive parfois qu'une graine de *Sideroxylon* réussisse à germer sans dodo ni dindon. Fait rare, certes, mais qui a pu être observé. On en déduit non sans malice que, si la thèse de la dépendance absolue est exacte, il devrait subsister quelques dodos à l'île Maurice. Bien entendu, il n'en est rien ! Mais si l'homme a bel et bien exterminé tous les dodos, il a en revanche importé dans l'île des macaques qui sont rapidement devenus envahissants, constituant une sérieuse menace pour la végétation endémique qu'ils dévorent et dévastent allègrement. Les graines de *Sideroxylon* font partie de leur régime alimentaire. Bref, les dodos auraient certes facilité la germination des graines, mais les macaques auraient purement et simplement dévoré celles-ci, ce qui expliquerait la raréfaction de l'arbre. Dans cette affaire, il est probable que tout le monde a raison et que le remplacement des dodos par les macaques a accéléré le naufrage des *Sideroxylon*.

Les hécatombes subies par la flore des Mascareignes n'ont rien à envier au sort des dodos. Les *Sideroxylon* n'y sont pas la seule espèce en danger ; ce statut est malheureusement celui de nombreuses plantes parmi lesquelles les plus belles, les *Trochetia,* arbustes attrayants par leurs grandes fleurs brillamment colorées, carmin, rose, ou d'un blanc pur. Le genre *Trochetia,* de la famille du cacao, est endémique de l'archipel et comprend cinq espèces n'existant qu'à Maurice, et une autre n'existant qu'à La Réunion. L'une de ces espèces [1] n'a plus été retrouvée à Maurice depuis 1840 ; on la classe désormais parmi les espèces éteintes. Quant aux autres, elles sont devenues très rares. Par leur floraison éblouissante, les *Trochetia,* qui n'appartiennent qu'aux Mascareignes mais ont des cousins à Sainte-Hélène, font vraiment figure de symbole de ces îles. Réfugiées sur des montagnes escarpées aux pentes vertigineuses et ventées, ils témoignent de la végétation dense et puissante qui recouvrait ces îles voici deux siècles et demi.

Sur le modèle de l'histoire du dodo et du *Sideroxylon,* l'un de ces *Trochetia* vit une étrange relation avec un petit oiseau, le *Zosterops* : friand du nectar de ses magnifiques fleurs carmin en clochettes, celui-ci n'hésite pas à percer d'un coup de bec la

1. *Trochetia parviflora.* Sterculiacées.

base de la corolle pour s'emparer par effraction de ce délice, sans se soucier davantage du succès de la pollinisation. Or, dans la nature, la pollinisation étant la conséquence naturelle d'une visite d'insecte ou d'oiseau attiré par le nectar, celui-ci est l'habituelle récompense offerte par les fleurs à leurs pollinisateurs. Ici, l'oiseau pratique la grivèlerie : il consomme sans payer.

Les *Hibiscus* ont, comme les *Trochetia*, une floraison magnifique. Tout le monde connaît l'Hibiscus rose de Chine, aujourd'hui naturalisé dans l'ensemble du bassin méditerranéen et sur les façades littorales du Vieux Continent. La petite île de Rodrigues, à l'est de Maurice, possède un Hibiscus original [1] aux fleurs d'une très vive couleur orangée, répondant au joli nom créole de « mandrinette ». Malheureusement, il n'en reste qu'un seul individu, perché en un endroit inaccessible, ce qui contribue à son salut. Les botanistes ont eu le soin de cultiver cette espèce au célèbre Jardin de Pamplemousses, à Maurice, au Conservatoire botanique de Mascarin, à La Réunion, et au Jardin botanique de Nancy où il a fleuri pour la première fois en juillet 1988. Beauté saisissante égarée au fin fond de

1. *Hibiscus liliiflorus.* Malvacées.

l'océan Indien, elle compte parmi les fleurs les plus superbes de ces îles.

Particulièrement étrange est la destinée d'un arbuste endémique de Maurice, le *Dombeya mauritiana*[1]. L'arbre forme des pieds mâles et des pieds femelles. Au cours d'une mission accomplie par le Conservatoire national de Brest aux Mascareignes, on n'en découvrit plus qu'un seul sujet survivant, de sexe mâle. La plante fut multipliée par bouturage, mais l'on ne pourra jamais obtenir par cette voie que des individus de sexe mâle clonés. En 1993, le Conservatoire a tenté une expérience originale afin de permettre la reprise du cycle naturel de reproduction sexuée de cette plante. Par un traitement hormonal approprié, des fleurs mâles ont été transformées en fleurs femelles. Ces fleurs transsexuelles, féminisées, ont été fécondées par le pollen de la plante mâle et ont donné des graines et des plantules. Un sauvetage chimique, en quelque sorte, qui constitue une première mondiale ! Mais les graines ainsi obtenues continuent de posséder le même patrimoine héréditaire que leurs deux parents, puisque ceux-ci dérivent d'un même individu initial. L'espèce se perpétue désormais et par graine et par bou-

1. Sterculiacées.

ture, mais continue à être réduite génétiquement à un seul clone. Seules des mutations survenant sur des temps très longs pourront remettre en marche le processus de diversification génétique propre aux êtres vivants.

Après cette trilogie d'arbres à grandes et belles fleurs ornementales, voici *Ruizia cordata* [1], une espèce endémique de La Réunion, à petites fleurs roses. L'originalité de cette plante peu spectaculaire ne tient donc plus à ses corolles, mais à ses merveilleuses feuilles d'une incroyable variabilité. Sur un même pied, elles peuvent ressembler tantôt à une feuille de hêtre, tantôt à une feuille de platane, tantôt à une feuille d'érable, tantôt même à une feuille de cannabis. On notera que, dans cette série d'exemples, les feuilles sont de plus en plus découpées, au point que leurs segments finissent par devenir filiformes, ce qui constitue la particularité botanique la plus frappante de ce *Ruizia*. Ce « bois de senteur blanc » — tel est son nom créole — au feuillage enchanteur vit sur les escarpements rocheux ensoleillés de la zone sèche de La Réunion.

Le *Ruizia* fut observé par une impressionnante cohorte de botanistes dont le premier — premier explorateur botaniste

1. Sterculiacées.

de l'île — fut Commerson en juin 1771, lors de son fameux périple autour du monde. Puis, en 1830, Du Petit-Thouars note que « cet arbre élégant est remarquable par sa blancheur », et très commun. Point de vue que ne partage pas Richard, qui ne l'a vu, quelques décennies plus tard, « que sur la Montagne Saint-Denis ». Cordemoy, enfin, à la fin du siècle dernier, considère encore l'espèce comme assez répandue dans la partie sèche de l'île. Depuis lors, le *Ruizia* a subi une sérieuse raréfaction du fait, d'une part, de la destruction de son milieu de vie, la végétation sèche qui couvrait autrefois les basses pentes de l'Ouest, et, d'autre part, des récoltes intensives effectuées par les « tisaneurs ». La plante est en effet réputée pour ses propriétés médicinales, mais davantage encore pour ses vertus médico-magiques, sans doute liées à l'extrême variabilité de ses feuilles. Celles-ci la signalaient aux « transformeurs de l'âme », conformément à la fameuse « théorie des signatures », croyance commune aux cultures traditionnelles du monde entier qui veut que chaque plante « signe » par quelque particularité de son anatomie les propriétés dont elle est dotée.

En 1975, lorsque Jean-Yves Lesouef, directeur du Conservatoire botanique de Brest, arpenta les Mascareignes sans la retrouver, on considéra l'espèce comme éteinte. Mais, quelques semaines plus tard, Francis Friedmann en découvrit deux pieds en très mauvais état. Ceux-ci, en 1983, avaient tous deux disparu. Heureusement, des boutures prélevées sur l'un d'eux avaient pris au Conservatoire de Brest et dans des jardins à La Réunion. En janvier 1984, un autre exemplaire fut trouvé *in situ*, mais ébranché et écorcé par les « tisaneurs » : ne subsistaient qu'une souche et quelques rejets juvéniles. La conservation en culture de cette très belle plante aux feuilles magnifiquement architecturées peut être néanmoins considérée comme réussie, et l'espèce comme sauvée. Maternée dans les jardins et les conservatoires, elle a fait l'objet, en 1988, d'une réintroduction dans son biotope — avec l'espoir que les « tisaneurs » lui laisseront cette fois quelque chance de survie...

Toutes les plantes citées ci-dessus, à l'exception de l'Hibiscus, font partie de la famille des Sterculiaciées, celle du cacao. C'est encore à cette famille qu'appartient *Asteria rosea*, proche des *Dombeya*. Cette jolie plante fut repérée au début du XIXe siècle dans de nombreux sites de la forêt humide des hautes altitudes de Maurice, mais n'a jamais plus été revue par aucun botaniste depuis 1860. Elle fut introduite dans différents jardins botaniques, notamment en Angleterre d'où elle a, semble-t-il, aujourd'hui totalement disparu. On doit donc la considérer comme éteinte *in situ* et *ex situ*. Il s'agissait, comme on le voit d'après les échantillons d'herbiers qui nous en restent, d'un arbuste aux magnifiques fleurs roses et aux feuilles duveteuses comme du velours. Trop belle, trop récoltée, les chances de retrouver vivante cette endémique mauricienne sont quasi nulles. Son sort est le pendant, dans le règne végétal, de celui du dodo dans le règne animal.

Une espèce perdue, dix de retrouvées ? Certes non, car depuis ces derniers siècles où l'homme exerce une telle pression sur l'environnement, les espèces disparaissent bien plus vite que la nature n'en propose. La description par les botanistes d'espèces nouvelles ne doit pas faire illusion : elle correspond à une observation toujours plus fine du monde vivant, qui permet de découvrir des espèces jusque-là encore inconnues ; il ne s'agit en rien d'une sorte d'inflation créatrice qui se serait soudain emparée de la nature...

C'est ainsi que l'île Maurice vient de voir porter à son actif la découverte d'un palmier « nouveau pour la science ». Le *Tecti-*

phiala[1] est haut d'environ 2 mètres et fortement épineux. La population totale de ce petit arbre ne semble pas dépasser 30 individus. C'est donc un palmier à l'aire de distribution extrêmement réduite, qu'il convient de protéger et de propager en culture.

Un palmier trouvé, un autre de perdu : les Mascareignes possèdent un genre endémique de palmier, le genre *Hyophorbe,* dont il n'existe que cinq espèces : trois à Maurice, une à Rodrigues et une à La Réunion. Or, l'une des espèces de Maurice[2] n'est plus connue que par un seul individu poussant au Jardin botanique de Curepipe. Bien qu'il soit protégé par les jardiniers, le sort de cette espèce ne comportant plus qu'un seul rescapé est éminemment fragile : les cyclones sont fréquents à Maurice durant l'été austral et les essais visant à propager localement cette plante n'ont connu aucun succès. La maturation du fruit est difficile et la plante semble résister à toute tentative de multiplication, y compris à la culture de ses embryons *in vitro*. Voilà à coup sûr une plante en péril, la toute dernière de son espèce, seule et

1. *Tectiphiala ferox*. Palmacées.
2. *Hyophorbe amaricaulis*. Palmacées.

choyée comme un agonisant dans son beau jardin de Maurice.

Poursuivons notre vagabondage dans ces îles enchanteresses. Voici le bois de lait [1] ; ce petit arbuste à feuilles très allongées est rare, fleurit plus rarement encore, et ne porte qu'exceptionnellement des fruits. En 1986, un seul fruit a été découvert, portant huit graines qui, confiées au Conservatoire botanique du Mascarin, ont donné sept plantules. L'espèce est donc en voie d'extinction du fait de son pouvoir de régénération quasiment nul, et qu'elle est de surcroît réfractaire à toute tentative de bouturage. Or le bois de lait, en latin *Tabernaemontanae*, si curieusement nommé de la sorte en l'honneur du célèbre botaniste allemand du XVIe siècle Tabernaemontanus, appartient à la grande famille des Apocynacées, très riche en plantes médicinales. La disparition de cette espèce rarissime pourrait constituer une perte sévère pour le patrimoine mondial, car plusieurs *Tabernaemontanae* contiennent des substances très actives [2], à considérer comme de véritables médicaments potentiels.

1. *Tabernaemontana persicariaefolia*. Apocynacées.
2. Alcaloïdes indoliques.

Le bois d'ortie [1] est un arbuste urticant ; ses feuilles, comme celles du *Ruizia*, ont des formes très variables. On en connaît quatre stations dans l'île de La Réunion, et quelques cultures dans des jardins (les feuilles sont considérées comme purgatives pour les porcs). La chenille d'un papillon endémique [2] se nourrit exclusivement des feuilles de cette plante. Qu'elle vienne à disparaître et ce papillon, qui lui est inféodé, disparaîtra avec elle : un coup double, en quelque sorte, mais dans le mauvais sens... Bel exemple d'une chaîne alimentaire qui ne saurait néanmoins nous faire oublier que, pour l'immense majorité des espèces végétales et animales, leurs interrelations nous restent encore largement inconnues. De ce point de vue, l'écologie n'en est encore qu'à ses balbutiements.

La commercialisation des bois constitue un autre type de menace pesant sur les espèces exploitées et jamais replantées. Car, aujourd'hui encore, l'exploitation « rationnelle » basée sur la régénération et la replantation des forêts est quasi étrangère au monde tropical. Ainsi, les troncs du

1. *Obetia ficifolia*. Urticacées.
2. *Antannartia borbonica*.

bois à odeur fétide[1], le « bois puant », ont servi à la construction des charpentes des vieilles demeures créoles de La Réunion et de Maurice. Pour Jacob de Cordemoy qui visita ces îles à la fin du XIXe siècle, ce bois laissait suinter une huile fort malodorante mais qui le rendait pratiquement imputrescible. De plus, son écorce est utilisée dans la confection d'une tisane dite « de refroidissement ». Du coup, tronçonné et désécorcé, l'arbre, devenu très rare, n'est plus localisé que dans quelques ravines, vestiges des forêts sèches. Comme cela arrive souvent pour les espèces dont les populations sont déjà très réduites, il semble que la régénération de cet arbre soit quasi nulle, ce qui le condamne à une disparition rapide, au moins *in situ*.

Les bois d'ébène[2] ont souffert, comme le « bois puant », d'une intense exploitation, et ce, dès la colonisation hollandaise, bien avant l'arrivée des Anglais et des Français. Il en existe 17 espèces différentes aux Mascareignes, toutes endémiques, dont une seule à La Réunion, encore relativement répandue dans les forêts de basse altitude. Les diverses espèces d'ébénier ont un cœur dur et noir. Dix des dix-sept espèces réper-

1. *Foetidia rodriguesiana*. Lecytidacées.
2. Divers *Diospyros*. Ebenacées.

toriées sont déjà éteintes ou immédiatement menacées. Une autre, considérée comme fournissant un des meilleurs bois du monde [1], s'est suffisamment régénérée pour ne pas être menacée, malgré une exploitation intensive. Les individus actuels sont, il est vrai, trop jeunes pour être tronçonnés, de sorte que l'espèce peut se régénérer et survivre dans de bonnes conditions.

Le « café marron [2] » a été redécouvert à Rodrigues en 1980 alors qu'il n'avait plus été vu dans la nature depuis 1940. Cette redécouverte causa un certain émoi, car la plante a une fois encore l'originalité de présenter deux types de feuilles : les unes minces et allongées, les autres nettement plus larges et plus courtes. Ce surprenant phénomène d'hétérogénéité des feuilles est, comme on le voit, fréquent parmi la flore de ces îles, et reste à ce jour inexpliqué. Pour assurer la survie de cette espèce immédiatement menacée, deux boutures furent envoyées en 1986 par le gouvernement de Maurice au Jardin botanique de Kew, en Grande-Bretagne. Les boutures réussirent et quelques spécimens se trouvent donc actuellement en serre à

1. *Diospyros tesselaria*. Ebenacées.
2. *Ramosmania heterophylla*. Rubiacées.

Kew. Fait extraordinaire pour une plante menacée, cet épisode connut un important retentissement médiatique. On annonça ce sauvetage et les célèbres Kew Gardens furent envahis par une nuée de journalistes en quête d'histoires sensationnelles. Mais l'intérêt des médias eut tôt fait de retomber quand on s'aperçut que l'on ne pouvait narrer au sujet de cette espèce quelque anecdote croustillante que ce fût : elle ne distillait pas de poison redoutable, ni ne constituait une monstruosité du règne végétal. Bref, rien en elle qui pût attirer l'attention : quoi de plus banal, n'est-ce pas, que la mort supposée et la résurrection annoncée d'une plante « ordinaire » originaire d'une petite île perdue au fond de l'océan Indien ?...

Toujours à la rubrique « Perdu et retrouvé », il convient de clore ce répertoire par une magnifique Orchidée au port de palmier [1]. Cette superbe plante fut aperçue vivante pour la dernière fois en 1870 par le botaniste français Cordemoy. Son épouse Eudoxie eut soin de la peindre à la gouache ; jusqu'en 1993, c'est tout ce qu'il en restait. Mais voici qu'un nouvel exemplaire a été retrouvé dans la nature, cette même année, par un botaniste réunion-

1. *Angraecum palmatum*. Orchidacées.

nais, de sorte qu'on ne peut que se réjouir de la résurrection inattendue de cette plante alors classée parmi les espèces éteintes. Nous l'avions prise en 1984, à l'époque où nous préparions avec Jean-Pierre Cuny la série télévisée *L'Aventure des plantes n° 2*, comme l'exemple type d'une plante disparue ; voici qu'elle nous revient du fond des âges après une éclipse de 123 ans !

Que conclure de ce vagabondage parmi les paysages magnifiques et tourmentés des Mascareignes ? D'abord, que cette liste est loin d'être exhaustive et que nous ne l'interrompons que pour ne pas lasser le lecteur ; nombreuses sont, dans ces îles, les espèces en péril immédiat ; leur seule chance de survie réside dans leur transfert en conservatoire et leur mise en culture *ex situ*, avec l'espoir de pouvoir réintroduire de jeunes spécimens dans leur milieu lorsqu'ils auront atteint un degré de maturité suffisant. Mais se pose également le problème des milieux. Les Mascareignes ont été successivement visitées ou envahies par les Malgaches, les Hollandais, les Français, les Anglais, les Indiens et les Chinois. Tous y ont introduit leurs animaux domestiques, leurs plantes cultivées, parfois d'autres dont l'introduction fut involontaire. Certaines se sont révélées de redoutables envahisseuses, véritables « pestes végétales » exerçant une sévère concurrence sur les plantes endémiques. Celles-ci, on l'a vu, se montrent le plus souvent inaptes à résister à de tels compétiteurs. Séquestrées dans leurs milieux insulaires, ultraprotégées, très peu compétitives, elles y ont en quelque sorte pris leurs habitudes. Et les voici soudain confrontées à l'irruption de plantes beaucoup plus compétitives. D'où un « *struggle for life* » particulièrement sévère, où les nouvelles venues prennent vite le dessus.

La plus redoutable de ces « pestes » est sans doute la vigne marrone [1], originaire de Malaisie. Elle a été introduite aux Mascareignes vers le milieu du siècle dernier, en provenance du Jardin botanique de Calcutta. C'est une plante sarmenteuse, comme la ronce dont elle est très proche, avec des feuilles évoquant celles de la vigne. En 1895, parlant de La Réunion, Jacob de Cordemoy signale déjà qu'« elle envahit presque toute l'île » : « Elle étouffe la végétation indigène, détruit les forêts et devient un véritable fléau. » Depuis lors, la plante a encore renforcé son emprise, de sorte qu'on ne rencontre plus, en dehors de la végétation des hautes altitudes, d'îlots de

1. *Rubus mollucanus*. Rosacées.

forêt préservés de la présence de cette peste. Elle s'installe avec une rapidité inouïe sur tout défriché récent, où que ce soit, dans quelque milieu que ce soit ; puis elle forme des haies impénétrables qui ferment sentiers ou pistes forestières. Toute brèche naturelle ou accidentelle du couvert végétal est promptement colmatée par le développement de cette ronce, reconnaissable dans le paysage par ses taches d'un vert plus clair, aisément repérables par le contraste qu'elles forment avec le sombre feuillage de la végétation indigène. La vigne marrone aime les milieux très ensoleillés et réussit à s'insinuer dans les forêts en faisant grimper ses sarments épineux jusqu'au sommet des arbres et arbustes qui, dès lors, périclitent. L'intensité du couvert assombrit le sous-bois et contribue à l'étiolement des plantes qui y vivaient. Un seul individu de cette ronce peut rapidement couvrir plus d'une centaine de mètres carrés. Championne de la marcotte spontanée, cette plante se propage au galop en multipliant ses arceaux dans toutes les directions. Comme la vigne marrone produit des mûres rouges et juteuses très comparables à celles de nos ronces, les oiseaux s'en délectent et, en évacuant les graines dans leurs déjections, contribuent à une diffusion active de la plante. À Maurice comme à La Réunion, la vigne marrone est ainsi devenue un véritable fléau.

Mais il existe d'autres fort jolies pestes comme la « galabert » ou « corbeille d'or [1] », espèce buissonnante, sarmenteuse, épineuse et très ornementale du fait de ses gracieux corymbes de fleurettes aux coloris éclatants : rouge, orange ou jaune. Ses abondants petits fruits noirs sont également diffusés par les oiseaux qui répandent ainsi des milliers de graines, ce qui lui confère une grande capacité d'envahissement. La beauté du *Lantana* en a fait une plante d'agrément abondamment cultivée dans les régions chaudes ou tempérées-chaudes du globe. Même si son nom latin reste confidentiel, sa « gueule » est connue de tous : elle occupe à La Réunion, quasiment en exclusivité, les versants des ravins de l'Ouest, à moyenne altitude, constituant la strate inférieure des forêts. Les habitants des îles l'appellent « galabert de l'enfer », car elle aurait été amenée d'Amérique centrale par un abbé dénommé Galabert. Sa capacité d'envahissement n'est pas réservée aux seules Mascareignes : en Inde, en Australie, aux Fidji, on lui a déclaré la guerre ; en Tanzanie, on a même édité une

1. *Lantana camara*. Verbénacées.

affiche ainsi libellée : « Recherchée pour vol de terrains, détruisez-la à vue ! »

Le goyavier [1] figure en bonne place parmi ce genre de pestes. Natif du Brésil, il fut introduit dès la fin du XVIIIe siècle comme espèce fruitière. C'est un arbuste grêle, éminemment social et prolifique, qui n'a pas tardé à s'échapper des jardins ; il forme aujourd'hui des groupements dont la densité est si grande qu'ils deviennent quasi impénétrables. Les jachères anciennes en sont littéralement recouvertes ; mais il pénètre aussi dans les forêts de basse et moyenne altitudes, comme son homologue la vigne marrone. À La Réunion, sur les coulées de lave du Grand Brûlé, dans une région très humide, le goyavier s'installe comme arbuste pionnier sur la lave encore intacte et, par son développement rapide et sa densité, bloque l'évolution normale de la végétation autochtone. Chaque année, l'arbuste produit une quantité impressionnante de fruits et de pépins. À partir d'un seul individu peut ainsi se former une colonie riche et serrée. À La Réunion comme à Maurice, il existe des ravins où l'on ne pénètre plus pour cause... de goyaviers ! Ou plutôt, on tente d'y pénétrer pour récolter leurs fruits comestibles, très appréciés,

1. *Psidium cattleianum.* Myrtacées.

qui ont le mérite d'être, de tout le règne végétal, les plus riches en vitamine C, battant largement les agrumes et les cassis, pourtant fort bien placés. Mais, lorsque l'homme introduisit cette espèce au XVIIIe siècle, il ne pouvait pas savoir quel serait le revers de la médaille : le goyavier est certes bon pour l'homme, mais non pour ses cultures.

Très étrange est aussi le « choca vert » ou « aloès vert [1] », plante originaire d'Amérique tropicale, longtemps cultivée pour ses fibres utilisées dans la fabrication des cordages. Sa culture est abandonnée depuis quelques décennies à La Réunion, mais la plante n'a pas pour autant cédé le terrain. On la trouve partout dans l'île, dressant çà et là ses longues hampes vers le ciel. Car ce « choca vert » possède un énorme pouvoir de multiplication. Son mode de vie et de reproduction est très original. La plante développe une fois dans sa vie une immense inflorescence pouvant atteindre 10 mètres de hauteur — un record pour le monde végétal ! — et dont les innombrables petites fleurs sont toutes stériles. Singulier paradoxe, en vérité, que de faire autant de fleurs pour rien ! Mais, à l'aisselle des petites bractées qui se

1. *Furcraea foetida.* Agavacées.

trouvent à la base de ces fleurs, naissent des bulbilles, sorte de minuscules boutures naturelles concourant à la propagation de la plante. Celles-ci sont si nombreuses que l'inflorescence ploie sous leur charge, s'incurve fortement et peut même se rompre. Les bulbilles se répandent sur le sol comme des graines et forment, sur plusieurs dizaines de mètres carrés, un semis dense et dru. Après avoir ainsi ensemencé ou plutôt « embulbillé » son entour, la plante meurt tout entière, laissant à sa progéniture le soin de prendre le relais. Ses rejetons se livrent alors à une vive compétition qui éliminera bon nombre d'entre eux. Car il n'est pas bon pour une plante de ne point disposer d'un agent de dispersion pour ses graines ou ses bulbilles. À cet égard, le « choca vert » ferait bien de s'inspirer de l'exemple de la vigne marrone et du galabert auxquels les oiseaux assurent un formidable pouvoir de dissémination des graines loin de la plante mère. Dans le cas présent, au contraire, les bulbilles restent concentrées sous la plante et doivent se livrer une lutte sans merci pour se faire une place au soleil. Malheureusement, il n'y en a pas pour tout le monde, et nos pauvres bulbilles n'ont aucun moyen d'aller voir ailleurs, comme on dit, ce qui se passe. En somme, pour les plantes comme pour les humains, il est mauvais de trop couver ses enfants. Il n'empêche : malgré la cruelle entreprise de limitation des naissances à laquelle sont soumis ses petits, le « choca vert » est partout.

La troublante passivité ou l'innocence édénique que manifestent les endémiques insulaires à l'égard des redoutables compétiteurs introduits par l'homme évoque le jeu inégal de certaines populations indiennes, brutalement confrontées à la modernité : même dominance, même arrogance des nouveaux venus, colons habiles, intraitables et surtout mieux armés, à qui rien ne résiste... La lutte darwinienne pour la vie est en quelque sorte exaltée par ces imprudentes transplantations de végétaux loin de leur milieu d'origine, là où ils ne rencontrent plus les compétiteurs locaux qui limitaient leur emprise. Nos colonisateurs se montrèrent à cet égard fort semblables à ces plantes envahisseuses. Tandis que les premiers quittaient leur patrie et leur milieu d'origine, motivés par le goût de l'aventure et la quête de fortune, laissant du même coup derrière eux les stricts repères moraux de sociétés puritaines qui les auraient par trop bridés, les secondes quittent de même leurs écosystèmes d'origine où elles vivaient en équilibre avec d'autres espèces adaptées aux mêmes milieux et qui les contenaient. Parmi ces espèces-compagnes, on compte à l'évidence des plantes, mais aussi la traditionnelle cohorte des bactéries, des champignons, des nématodes ou des insectes qui se chargent, par les maladies qu'ils engendrent ou colportent, de rabaisser le caquet aux plantes trop entreprenantes. Malheureusement, trop souvent, les « envahisseuses » ont migré sans être accompagnées de leurs compétiteurs ou de leurs « freins » naturels, d'où une prolifération, un sans-gêne, une arrogance dont les plantes locales font les frais. Comme les Indiens d'Amérique décimés par les cow-boys...

Aussi conviendrait-il de repérer et d'introduire dans ces îles les compétiteurs et adversaires de nos envahisseuses ; de rechercher à Sumatra et à Java, par exemple, quel insecte ou quel micro-organisme accompagne naturellement la vigne marrone et en évite là-bas la prolifération. C'est par une stratégie de cette nature que l'on parvint à juguler, dans les années 1920, l'extraordinaire prolifération des *Opuntias* mexicains en Australie. Ces cactus à raquettes, dont la physionomie est indissociable des paysages du Sud-Ouest américain, y avaient été introduits pour former des haies susceptibles de clore les champs des paysans. Mais les *Opuntias* les prirent de vitesse et les haies ne tardèrent pas à envahir les champs... Leur prolifération se révéla alors vertigineuse : 4 millions d'hectares en 1900, 30 millions en 1925 — la moitié du territoire français ! Que faire pour tenter d'endiguer un tel fléau ? Ce furent les entomologistes qui trouvèrent la solution : ils introduisirent en Australie un papillon, le *Cactoblastis cactorum*, dont les chenilles vivent à l'intérieur des raquettes, les minent, les vident complètement, les ouvrent ainsi à l'envahissement par les bactéries qui accélèrent le processus de pourrissement. Ce papillon fut sélectionné après de fines études menées sur 150 espèces, toutes originaires d'Amérique et toutes spécifiques des *Opuntias*. De 1928 à 1930, on introduisit 3 millions d'œufs de *Cactoblastis*. En cinq ans, le papillon avait pullulé et l'Australie se trouvait débarrassée des *Opuntias* tant redoutés.

Les envahisseuses évoquées ci-dessus illustrent les risques de démantèlement des communautés naturelles — ici, les endémiques — par des espèces introduites qui prolifèrent à leurs dépens. Elles préfigurent dans le monde végétal — mais aussi dans le monde animal où les choses se passent de la même manière, comme on le vit avec l'invasion de lapins en Australie — la peur de l'« étranger compétitif ». Une peur que connut dès le IIe siècle l'Empire romain, quand l'empereur Hadrien entreprit de fortifier les frontières pour contenir le déferlement des Barbares. Une peur qui s'insinue aujourd'hui même dans nos mentalités face à la montée en puissance d'un « Islam extrême » ou d'un Extrême-Orient hypercompétitif. D'où aussi la peur bien française du « communautarisme », pourtant de règle aux États-Unis, par exemple, où chaque communauté ethnique ou culturelle se voit reconnaître le droit à une organisation propre. Le contraire de l'idéal républicain, plus prompt à organiser l'« intégration » des allogènes, leur fusion dans le moule rassurant de la laïcité, que de les voir croître et se développer sur notre sol conformément à leurs traditions.

Il est significatif que nos problèmes de société les plus aigus trouvent ainsi déjà leur préfiguration chez les plantes. Saisissant témoignage de l'universalité des lois de la Vie, à quelque niveau de complexité qu'on le considère...

CHAPITRE 13

Pins et palmiers de Nouvelle-Calédonie

Le 28 septembre 1774, le trois-mâts *Résolution* du capitaine Cook quittait le littoral de la Nouvelle-Calédonie et cinglait vers le sud-ouest. À moins de 50 kilomètres de la Grande-Terre, l'équipage vit surgir puis monter à l'horizon une dense forêt de « pins ». L'île fut aussitôt baptisée « île des Pins ». Or, si les conifères sont par excellence les hôtes des hautes latitudes, comme on le voit au Canada, en Scandinavie et en Sibérie, mais aussi des hautes altitudes, donc des montagnes, les climats tropicaux étaient réputés n'en posséder guère, hormis quelques rares spécimens ici ou là et justement en altitude précisément. Découvrir une forêt de conifères sous les tropiques au niveau de la mer, voilà qui paraissait aussi incongru que de trouver une girafe au pôle Nord. Cook et ses hommes crurent avoir décelé une aberration de la Nature. En réalité, ce qu'ils avaient pris pour des pins étaient des Araucarias en forme de colonnes, d'où leur nom latin d'*Araucaria columnaris* [1]. De loin, vus du large, ces habitants des littoraux du Sud ressemblent bien à l'idée qu'on peut se faire d'un conifère, encore que le port pyramidal caractéristique du sapin ou de l'épicéa leur fasse défaut. L'arbre ressemble à une colonne dressée vers le ciel. À ce détail près, c'était bien une forêt de conifères que venait de découvrir le capitaine Cook.

Les conifères sont aujourd'hui les parents pauvres de la flore mondiale. Il n'en existe plus que 600 espèces vivantes qui font piètre figure à côté des 20 000 dénombrées sur la planète au Jurassique il y a 250 millions d'années, au temps des dinosaures. La plupart d'entre eux ne nous sont parvenus qu'à l'état de fossiles exhumés des entrailles de la terre, cimetière des espèces éteintes.

Pourquoi ces extinctions massives ? On l'ignore encore. Les conifères auraient-ils été victimes d'un cataclysme ? Certes, ils ont dû souffrir, comme toute la faune et la flore du globe, de la chute, il y a 65 millions

1. Araucariacées.

d'années, d'une météorite géante qui, en obscurcissant le ciel par les poussière soulevées et mises en suspension dans l'atmosphère, réduisit la photosynthèse jusqu'à tuer un grand nombre de végétaux et donc d'animaux. Mais le déclin des conifères est un phénomène plus général qui n'a cessé de se poursuivre depuis la fin de l'ère secondaire : il est la conséquence naturelle de la montée en puissance — et, aujourd'hui, de la prédominance incontestée — des plantes à fleurs. Depuis l'époque où ils régnaient sur la Terre sans partage, les conifères n'ont en effet cessé de céder du terrain. Les plantes à fleurs comptent aujourd'hui 250 000 espèces. Un quart de million contre six cents : les chiffres parlent d'eux-mêmes ! Preuve que les espèces ne meurent pas seulement du fait de l'homme, même si ce dernier accélère leur processus d'extinction.

Sur les 600 espèces de conifères encore en vie, on en compte 44 pour la seule Nouvelle-Calédonie, dont la superficie est égale à celle de trois départements français. Et sur ces 44 espèces, une seule se trouve aussi en d'autres endroits du globe, les 43 autres étant endémiques.

L'espèce « généraliste » est le *Cycas* [1]. Ce Cycas, plante très originale, est un conifère primitif rescapé des temps reculés où aucune fleur n'égayait encore la planète. Rien n'est plus aisé à reconnaître qu'un Cycas, tant est grande sa ressemblance avec un palmier ; mais un palmier miniature, d'un à deux mètres de haut seulement, dont les feuilles élégamment retombantes sont si rigides au toucher qu'elles évoquent ces palmes ou couronnes en plastique qui ornent les cimetières. Le groupe des Cycas s'enorgueillit aussi d'un record : celui de posséder les plus gros spermatozoïdes du monde vivant, parfois visibles à l'œil nu dans leurs grains de pollen. Ces Cycas, ou leurs cousins, peuplent aujourd'hui avec grâce parcs et jardins de la Côte d'Azur où tout un chacun peut aisément les repérer...

Parmi les 43 conifères spécifiques de Nouvelle-Calédonie, l'un d'eux présente l'étrange propriété de vivre sur un autre conifère : ce *Parasitaxus* [2] est le seul conifère parasite connu au monde. Ici, le parasite ne pousse pas sur les branches, comme le gui, mais il se fixe sur les racines de son hôte. Faut-il donc creuser pour mettre en

1. *Cycas circinalis*. Cycadacées.
2. *Parasitaxus ustus*. Podocarpacées.

évidence ce parasitisme ? Certes non, car notre parasite, ayant abandonné la synthèse chlorophyllienne dans la mesure où il est entièrement pris en charge par son hôte, n'arbore plus la couleur verte emblématique de toutes les plantes ; ses écailles sont rougeâtres, particularité unique chez un conifère.

Le *Parasitaxus* est extrêmement rare, alors que son hôte [1] est nettement plus répandu, ce qui signifie que le mariage boiteux du parasitisme n'a pas touché tous les candidats potentiels à ce mode de vie.

Au fond, le parasite attend de son hôte, congénère bienveillant, qu'il lui fasse la courte échelle... C'est que les conifères de Nouvelle-Calédonie ont grand besoin qu'on la leur fasse... pour monter en altitude ! Affligés par la concurrence des plantes à fleurs, ils trouvent refuge dans des habitats ingrats, par exemple sur les sommets très venteux des montagnes ou sur les fameux terrains ultrabasiques si caractéristiques de l'île et de ses dépendances, où l'on exploite à ciel ouvert des mines de nickel. Les températures, plus basses en altitude, plaisent à la plupart de ces conifères qui, même sous les tropiques, se « souviennent » qu'en tant que végétaux les plus

1. *Falcatifolium taxoïdes*. Podecarpacées.

anciens ils doivent se replier dans des habitats marginaux où la compétition des plantes à fleurs leur sera moins sévère. Tel est en particulier le cas de la plupart des Araucarias, favorisés par leur anatomie là où le vent est fort : leurs ramifications minces et grêles le laissent passer comme à travers une passoire sans qu'ils en subissent le moindre préjudice.

L'un des paradis des conifères néo-calédoniens est la baie de Prony. Les nombreuses espèces que l'on y découvre évoquent la végétation de l'ère des Reptiles. Comme les fougères arborescentes y sont également très nombreuses et montent jusqu'à 35 mètres de hauteur, il ne manque plus au paysage que les dinosaures, et l'on comprend que des cinéastes aient choisi ces lieux pour filmer des scènes censées se dérouler à l'ère secondaire !

Aux 44 espèces de conifères néo-calédoniennes, il faut ajouter les 33 espèces de palmiers. Dans leurs rangs règne également un énorme endémisme, puisque 32 espèces sont spécifiques de l'île. Seule la dernière est cosmopolite : il s'agit tout simplement du cocotier. Et ce chiffre de 32 espèces risque fort de n'être d'ailleurs que provisoire, puisqu'on en découvre encore de nouvelles.

Jean-Christophe Pintaud, botaniste français, prépare une thèse sur la botanique et l'écologie des palmiers néo-calédoniens. Il fait partie du club des passionnés, des « accros », des « fous » de palmiers, comme ils se dénomment eux-mêmes. En janvier 1996, il est parvenu à résoudre l'énigme posée par d'énormes palmiers frangeant une crête de 700 mètres d'altitude sur une arête réputée inaccessible et paraissant pourtant à portée de main, vue de la route en contrebas... Cette crête appartient au massif du mont Panié (1 628 mètres), point culminant de la Nouvelle-Calédonie, sur lequel on dénombre pas moins de 13 espèces différentes de palmiers. Pintaud, accompagné de son ami Jean-Paul Tivolier, a réussi à franchir les rangs successifs de falaises qui barrent l'accès du sommet et, après sept heures d'ascension, tous deux ont découvert que les palmiers observés, que tout le monde pouvait apercevoir de la route, appartiennent en fait à une nouvelle espèce jusque-là connue seulement par quelques échantillons, mais pas encore décrite scientifiquement.

Ce sont de gros arbres dotés d'un tronc de 25 centimètres de diamètre, et d'une hauteur de 15 à 20 mètres ; les feuilles ont un port extrêmement recurvé, et un gros manchon de gaines foliaires cireuses conférant à ce palmier sa physionomie particulière.

Ainsi donc, ces arbres que tout un chacun peut admirer à la jumelle, appartiennent à une espèce inconnue, rare mais non menacée, son aire étant incluse dans la réserve botanique du mont Panié où elle prospère au sein de forêts bien conservées.

L'exploration de nos botanistes, quelque peu risquée, vu le relief accidenté, fut émaillée d'un incident savoureux : au moment le plus scabreux de l'ascension, alors qu'ils dégageaient le terrain à la machette dans une forêt réputée vierge, ils tombèrent... sur une ligne de chemin de fer désaffectée et toute rouillée ! Enquête faite, elle équipait une mine de nickel qui avait été exploitée là en 1901-1902. Tels sont les risques que l'on court à prétendre poser le pied là où l'homme est supposé ne l'avoir jamais mis ! La découverte de ces rails était encore plus inattendue que celle des palmiers...

L'histoire de cet arbre nouveau pour la science permet opportunément de noter qu'il n'est point, dans la nature, que des espèces qui meurent, spontanément ou du fait de l'homme, mais qu'il en est d'autres qui apparaissent. Soit qu'on les découvre et qu'on leur confère le statut d'« espèces nouvelles », ce qui n'implique nullement une naissance récente, car ce qui date d'hier, c'est leur découverte. Soit qu'elles naissent effectivement sous nos yeux, sans aucune intervention humaine, mais c'est là un phénomène rarissime, observé une seule fois en Europe durant les deux derniers siècles avec l'apparition, sous l'œil attentif des botanistes, dans les marais salés du littoral atlantique, d'une nouvelle espèce de Spartine. Les Spartines sont des Graminées dont les épis se dressent volontiers sur les vases salées. Au début du siècle, une nouvelle espèce apparut en Angleterre, puis bientôt au Mont-Saint-Michel, dont on a pu montrer sans équivoque qu'elle était un hybride fertile récemment créé par la nature entre deux espèces parentes. On y reviendra...

À l'instar de nouveaux venus dans la communauté familiale, les palmiers calédoniens peuplent tous, ou à peu près, les forêts denses de basse et moyenne altitudes, auxquelles ils impriment une physionomie originale. Très localisées, certaines de ces espèces sont rares, mais pas nécessairement menacées, à l'exception de trois d'entre elles connues seulement dans un seul site. Parmi ces trois-là, deux se trouvent sur le fil du rasoir : l'une[1] ne compte plus que cinq pieds adultes dont les graines s'obstinent à ne vouloir germer ni sur place, ni en jardin. L'autre[2] a connu une histoire à rebondissements : découverte en 1893 par Jeanneney, la voici bientôt disparue et on la crut éteinte ; comme elle poussait non loin du pénitencier de Prony, on en rendit les prisonniers responsables. Un chasseur, J.-C. Lecren, la retrouva en 1977 ; il la signala à R. Aymard, qui avait recherché en vain ce palmier quelques années plus tôt et avait conclu à son extinction définitive. Il se trouve que le professeur Moore, savant américain spécialisé dans les palmiers, séjournait alors en Nouvelle-Calédonie et put confirmer l'identification. L'unique station découverte comporte une trentaine de pieds, dont un seul adulte fertile ; ses graines ont été adressées à plusieurs conservatoires botaniques, dont celui de Nancy, où elles ont germé, de sorte que le *Prichardiopsis jeanneneyi* est à présent sauvé.

À dénombrer les espèces de palmiers et de conifères présents en Nouvelle-Calédonie — 77 au total —, on risque d'en déduire qu'il n'y aurait dans cette île que des forêts

1. *Lavoïxia macrocarpa*. Palmacées.
2. *Prichardiopsis jeanneneyi*. Palmacées.

de ces deux familles d'arbres. Rien n'est plus faux. Les espèces endémiques sont réparties ici ou là sans jamais constituer de population dense et homogène. Le littoral de l'île des Pins étant l'exception qui confirme la règle. Une distinction s'impose en effet entre la notion d'*espèce* et celle de *population*. Une forêt d'épicéas dans les Vosges ne contient parfois qu'une seule espèce, mais celle-ci est présente sous la forme d'innombrables individus formant une population dense et homogène : une pessière. Dans ce milieu monotone, le degré de biodiversité de la strate arborée est quasi nul. En sous-bois, ce n'est guère mieux : le sol est nu, recouvert d'aiguilles brunâtres. Hormis les mousses et les champignons, rares sont les herbes ou les buissons qui croissent dans ces milieux pauvres en espèces. Une pessière constitue une population quasiment pure d'épicéas, très riche en individus mais très pauvre en espèces. Pour ce qui est de la répartition des conifères en Nouvelle-Calédonie, c'est exactement l'inverse : ils appartiennent à des milieux forestiers où les espèces sont nombreuses, la biodiversité forte ; mais chaque espèce n'est représentée que par un nombre limité d'individus.

Pour bien comprendre le phénomène, comparons-le à l'évolution des populations humaines dans nos grandes villes. Les analogies sont surprenantes. Là aussi, comme dans une forêt d'épicéas, la diversité n'a cessé de décroître.

La création, dans les années 1960, des grands ensembles périphériques — les trop fameuses ZUP[1] — puis, dans les années 1980, des banlieues commerciales réservées aux supermarchés — les non moins fameuses ZAC[2] — a produit des paysages d'une grande uniformité. On rencontre d'une ville à l'autre, la même architecture en tours ou en barres des banlieues et les mêmes assemblages de constructions métalliques barriolées des hypermarchés aux enseignes commerciales aguichantes et réitératives, d'où émerge comme un clocher le « M » emblématique des McDonald's. Étonnant paradoxe français, puisqu'aucun pays au monde n'a développé à ce point les grandes surfaces, dont on aurait au moins aimé qu'elles soignent quelque peu leur architecture et leur environnement. Il n'en a rien été et l'on redoutera que ces hangars aux couleurs criardes ne deviennent les squatts de demain. Quant aux grands ensembles, nous avons presque fait aussi mal que les ex-pays de

1. Zones à urbaniser en priorité.
2. Zones d'aménagement concerté.

l'Est car aucun pays au monde n'a aussi mal construit que l'empire communiste.

Plaider pour la diversité, c'est plaider pour des quartiers vivants, pour une ville attrayante, au dessin harmonieux, aux architectures élégantes, aux jardins variés et soignés. C'est, de même, plaider pour le respect de la multiplicité des espèces vivantes, pour ce foisonnement si caractéristique de la Vie animale et végétale. Mais aussi pour la diversité des structures humaines, pour le respect des cultures et des ethnies, de leurs traditions et de leurs différences. Pour l'égale dignité des populations dans la riche diversité de leurs traits... Tel est l'ordre de la nature et de la vie ; tel devrait être celui de nos sociétés. Mais de cet ordre, en ce siècle, nous avons fait un chaos.

Pour renouer avec notre comparaison, on aura compris que les HLM de banlieue sont aussi revêches qu'une forêt d'épicéas [1] au sein de laquelle les arbres tous semblables sont alignés de manière quasi militaire ; une ville ancienne, bien tenue, restaurée, mise en valeur, paraîtra en revanche aussi chaleureuse, aussi diverse qu'une riche forêt néo-calédonienne, avec

1. Qu'on appelle ordinairement « forêt de sapins », épicéas et sapins étant deux espèces très voisines.

ses multiples espèces de pins et de palmiers.

Mais la Nouvelle-Calédonie possède aussi son espèce standard et ubiquiste, version botanique des HLM. Il s'agit d'une espèce bien connue des personnes âgées et qui leur rappelle leur enfance : le niaouli [1]. Le niaouli est un arbre extrêmement conquérant, tout à fait caractéristique de l'île. Espèce dominante, il se laisse aisément reconnaître au « blanc cassé » de ses feuilles qui donne aux forêts une tonalité vaguement grisâtre, unique au monde. Doué d'une extrême souplesse écologique, cet arbre se retrouve dans tous les sites, stations et biotopes de l'île — à une exception près, toutefois : les fameux terrains ultrabasiques. En revanche, il se plaît particulièrement sur les terrains marécageux de basse altitude, et ses plus beaux exemplaires sont proches de l'eau. Il pompe d'ailleurs beaucoup d'eau et en évapore également beaucoup, comme le fait l'eucalyptus, son cousin.

On s'est demandé pourquoi le niaouli était aussi conquérant. De fait, là où l'homme brûle la forêt, il est toujours le premier à redémarrer le cycle de la végétation. C'est qu'il est protégé par son écorce

1. *Melaleuca quinquinervia*. Myrtacées.

qui lui fait une sorte de manteau protecteur contre le feu ; de plus, ses tissus sont gorgés d'eau, de sorte qu'il brûle mal. Souvent, après un feu, on le croit mort, mais, au printemps suivant, c'est-à-dire au mois d'octobre, il redémarre et croît rapidement. Aussi est-il considéré comme l'arbre prototype de ce que l'on nomme une végétation secondaire, consécutive à des interventions humaines.

Mais ce qui fait la particularité du niaouli, c'est la forte odeur de goménol qu'il dégage lorsqu'il brûle. Du goménol, qui n'est autre que l'essence de niaouli, à l'huile goménolée, il n'y a qu'un pas que nos ancêtres pharmaciens n'avaient pas hésité à franchir, puisque l'huile goménolée était le médicament traditionnellement conseillé aux enfants contre les infections rhinopharyngées. Cette médication est aujourd'hui tombée en désuétude, mais elle illustre une ère de l'histoire de la pharmacie où eucalyptus et goménol étaient les deux médicaments désinfectant l'air des chambres de malades en même temps que les voies respiratoires des enfants enrhumés. Aujourd'hui, l'huile goménolée n'est plus qu'un souvenir, même si, à Gomen qui lui a donné son nom, on distille encore de façon sporadique et artisanale la précieuse essence désinfectante.

CHAPITRE 14

Les bulldozers du Sarawak

Le sort des plantes en péril nous touche plus durement lorsqu'elles constituent le milieu de vie de communautés humaines mises elles-mêmes en difficulté par leur mode d'exploitation inacceptable.

Nous bénéficions en ce domaine du précieux témoignage de première main de Bruno Manser. Bruno fit ses classes d'écologiste comme berger-fromager d'alpage en Suisse durant dix ans. Il forma alors le projet de consacrer plusieurs années de son existence à vivre dans une communauté indigène menacée par les excès du bûcheronnage et de l'exploitation des bois tropicaux. C'est ainsi qu'il se rendit chez les Pénans, peuple de chasseurs-cueilleurs encore peu connu de Bornéo. Bruno découvrit là un peuple pacifique, menant une vie simple et rude au cœur de la forêt primaire, vierge, du Sarawak, partie malaise de l'île.

Mais, bientôt, les mugissements sinistres des bulldozers, des tronçonneuses et autres engins de chantier vinrent rompre le calme et la paix de cet univers. Les Pénans demandèrent alors que leur forêt soit protégée et Bruno devint tout naturellement leur conseiller et leur appui. Rôle difficile pour un étranger qui risquait, en prenant parti, de se faire expulser. Il accepta néanmoins de transmettre le message des Pénans aux autorités du Sarawak. Les choses prirent vite le tour qu'on imagine, et Bruno devint pour la police et l'armée une sorte d'ennemi public numéro un, un « homme à abattre ». Quand il a quitté clandestinement Bornéo, six ans plus tard, au printemps de 1990, il s'est lancé dans une vaste campagne d'information sur les peuples menacés par la destruction des forêts tropicales.

Au nom du progrès, le bûcheronnage industriel a privé les derniers nomades des espaces forestiers dont ils vivaient. Ceux-ci ont répliqué pacifiquement en dressant des barrages face aux bulldozers : des barrages humains, les seuls que ces engins n'osent encore renverser. Pour l'instant...

Depuis son retour, Bruno Manser a déployé sur le plan international une action militante et une campagne de témoignage d'une ampleur exceptionnelle. Il a montré que l'utilisation des bois tropicaux entraîne, en amont, un désastre écologique et humain sans précédent. Alors qu'en Amazonie, la forêt et les Indiens sont menacés par le feu visant à permettre la mise en culture de nouvelles terres, en Malaisie, c'est l'exploitation du bois qui représente une menace écologique majeure. Or, cette exploitation est menée sur grande échelle. Les chiffres parlent d'eux-mêmes : 4,4 millions de stères abattus en 1976 ; 13 millions en 1986 ; 19 millions en 1992... L'industrie du bois est étroitement liée aux milieux gouvernementaux ; les principaux responsables du pays sont aussi propriétaires de milliers de kilomètres carrés de forêt. Une forêt exploitée dans des conditions catastrophiques. Car les bulldozers labourent l'espace forestier en tous sens à la recherche des arbres commercialisables ; les autres sont culbutés sans vergogne. Après « exploitation » — le mot est ici à prendre dans le sens d'œuvre d'exploiteurs plutôt que d'exploitants —, la couche forestière est rasée à 65 % et les arbres abattus y laissent des « clairières » béantes. Pour aller chercher le bois, les engins sillonnent la forêt de vastes balafres, écrasant tout sur leur passage. La jungle se lézarde, se mite, se couvre de cicatrices ; comme il s'agit de régions vallonnées, l'érosion a tôt fait de décaper la mince pellicule du sol, si fragile dans les forêts tropicales humides. L'humus est entraîné vers les rivières, transformées en torrents boueux dont l'eau devient impropre à la consommation et à la vie des poissons. Pour les populations forestières vivant de pêche et de cueillette, les conséquences sont évidemment dramatiques. Chassés de leurs terres, les Indiens finissent lamentablement dans la misère des bidonvilles.

En fait, ici comme dans toutes les forêts tropicales humides du globe, l'exploitation est de type minier davantage que de type forestier, en ce sens qu'elle détruit irréversiblement le capital sans le régénérer, comme c'est le cas dans les forêts tempérées. Point de rotation, de coupes réparties dans le temps, de semis, de repousse. La forêt tropicale meurt une fois pour toutes au Sarawak comme au Brésil ou ailleurs. Quant aux indigènes, ils paient le prix de leur résistance : dans le cas des Pénans, près de 700 d'entre eux ont été emprisonnés, accusés de faire obstruction, par leurs barrages humains, au travail des bulldozers. Leur « capture » (!) a été le fruit d'interventions musclées de la part des militaires et des policiers agissant avec le renfort d'hélicoptères. Le sort de ces indigènes s'apparente à celui des Indiens du monde entier qui ne peuvent faire valoir aucun titre de propriété sur les terres qu'ils occupent et dont ils vivent. C'est le schéma, toujours répété depuis des siècles, de l'ethnocide perpétré sur des populations ayant d'autres modes de vie et d'autres valeurs culturelles que les nôtres. La société industrielle est incapable de les reconnaître, de les respecter et de les protéger.

Ici, la menace bien réelle qui pèse sur les plantes retentit immédiatement sur les hommes, tant il est vrai que le destin des seconds et celui de la nature sont étroitement liés. Sans compter que, dans ces forêts de Bornéo, la biodiversité atteint son niveau le plus élevé : on a pu y dénombrer 700 espèces d'arbres sur dix parcelles d'un hectare, soit autant d'espèces que dans toute l'Amérique du Nord, États-Unis et Canada confondus, et beaucoup plus que pour toute l'Europe ! Nous sommes ici dans le berceau de la « civilisation » des plantes à fleurs qui, il y a cent millions d'années, sont probablement nées dans cette région du monde pour se répandre ensuite sur l'ensemble de la planète. Une civilisation analogue en somme à celle des Pénans, aujourd'hui menacée par les débordements du monde industriel dont les symboles sont ici, indique Bruno, « la bière hollandaise Heineken et les cigarettes anglaises Benson & Hedges en paquets dorés [1] ».

Face à ces terres bouleversées, à ces ethnies traquées, qui songe seulement aux spécimens également menacés de ces flores mal connues ? Qui va se souvenir de deux malheureux palmiers chichement représentés au Sarawak en quelques rares stations repérées ? Le premier [2] est victime à la fois des populations locales qui mangent l'extrémité du tronc et tuent l'arbre, et des bûcheronneurs qui l'écrasent sous les chenilles de leurs bulldozers. Ce très grand et bel arbre a été recommandé par des botanistes pour border les avenues des villes tropicales. Mais survivra-t-il dans son milieu naturel ? Le célébrissime jardin botanique de Bogor, à Java, en distribue des graines par l'intermédiaire de la Société des Amis des Palmiers, et sa survie en tant qu'espèce semble donc assurée : ainsi continuera-t-on à admirer ce *Caryota* de 20 à 30 mètres de haut dans les parcs et jardins, avec ses feuilles de 8 mètres de long (qui sont cependant loin d'atteindre le record de la taille des feuilles, homologué chez une autre espèce de palmier, le *Raphia*, avec des

1. Bruno Manser, *Voix de la forêt pluviale*, Éd. Georg, 1994.
2. *Caryota no*. Palmacées.

feuilles de 20 mètres de long...). Quant à la seconde espèce de palmier[1] menacée au Sarawak, elle souffre exclusivement du bûcheronnage, incapable qu'elle est de se maintenir dans les couloirs et clairières dessinés par les bulldozers, car elle ne supporte pas la forte insolation des terrains ainsi défrichés. Une espèce somme toute bien à sa place dans la forêt primaire initiale, mais plus du tout chez elle dans les résidus boisés laissés par l'homme. Espèce en danger, aussi, dans la mesure où il est très difficile de faire germer ses graines : visiblement, ce palmier n'a pas un grand chemin à parcourir pour atteindre son seuil d'extinction.

Mais les forêts tropicales sont sans doute les milieux les moins bien connus, faute de botanistes compétents et d'études suffisantes. C'est pourquoi elles occupent sans discussion la première place parmi les milieux menacés et hébergent le plus grand nombre de plantes en péril. Plantes que, bien souvent, nul n'a encore repérées. Ne découvre-t-on pas de même aujourd'hui encore de menus groupes humains inconnus au plus profond des jungles équatoriales ?...

---

1. *Johannesteiss mannia altifrans*. Palmacées.

POUR CONCLURE

Biodiversité : le mot est sur toutes les lèvres... écologiques. Malheureusement, pas sur les autres ! Ce concept, retombée du Sommet de la Terre réuni à Rio en juin 1992, a connu un vif succès. C'est au nom du respect de la biodiversité que s'effectue sur toute la planète, à l'initiative des conservatoires, jardins botaniques, parcs, muséums et universités, l'évaluation en continu de l'état de la flore mondiale. Les espèces, soigneusement identifiées, sont cataloguées d'après les menaces qu'elles peuvent subir, et classées, on l'a vu, en cinq catégories : éteintes, en danger, vulnérables, rares ou non menacées.

Ce concept de biodiversité reste néanmoins méconnu de l'opinion publique, pourtant si réactive quand il s'agit de pollution, de qualité de la vie, voire de « protection de la nature ». Il n'est pas certain que l'abandon de cette dernière expression ne soit point regrettable.

Certes, la biodiversité évoque une des rares valeurs nouvelles que le XXe siècle ait mises en exergue : le droit à la différence. Car il en est des plantes comme des humains. De même que l'humanité nous apparaît dans la multiplicité de ses cultures, de ses ethnies, de ses langues, de même le monde végétal s'offre à nous dans la riche diversité de ses espèces. Comme chez les êtres humains, les plus faibles ne résistent pas toujours à la loi des plus forts. De même encore que les ethnies sont menacées de génocide, bien des plantes sont menacées d'extinction.

Elles s'éteignent dans un silence assourdissant. Imaginerait-on un présentateur du journal de 20 heures annoncer à la télévision l'agonie ou le trépas d'une espèce végétale ? Jamais, bien sûr, car ces morts sont insoupçonnées et constituent le prototype du non-événement. Elles n'ont aucune chance de se voir dédier une oraison funèbre par quelque dirigeant politique ou journaliste que ce soit, fût-il spécialisé. En revanche, une tornade emportant les palmiers de la Promenade des Anglais à Nice nous vaudrait un torrent d'images agrémentées de commentaires consternés.

Point d'oraison funèbre, mais point non plus de monument aux plantes en péril ou aux espèces disparues. Quel musicien composerait pour elles une symphonie ? Quel écrivain rédigerait une élégie ou un manifeste à leur mémoire ? Le décès d'une espèce végétale n'appelle jamais une minute de silence. Une catastrophe semblable, frappant le monde animal, émouvrait davantage : on l'a vu avec les éléphants, les rhinocéros, les bébés phoques. Car les animaux, mobiles et doués, comme dit la Bible, du « souffle de vie », sont perçus comme plus proches de nous et de notre sensibilité. Au demeurant, si l'information sur les menaces pesant sur le règne animal est relativement abondante, elle reste parcimonieuse lorsqu'il s'agit des plantes ; à la limite, le fait qu'une espèce végétale puisse être menacée peut même paraître incongru.

Des espèces éteintes, il ne nous reste, dans le meilleur des cas, que des momies classées dans les herbiers des muséums, chacune soigneusement rangée dans son casier. Ces vastes conservatoires de plantes mortes ne sont pas sans évoquer les cimetières italiens, curieuses HLM de la mort où les défunts, ni enterrés à proprement parler ni incinérés, sont remisés dans des casiers superposés de béton sur lesquels veille la mélancolique silhouette de cyprès. Et pourtant, comment se passerait-on de nos grands herbiers nationaux ? Comment pourrait-on identifier les plantes récoltées au gré des voyages et des missions sans ces indispensables échantillons de référence ? Comment conserverait-on le travail des grands ancêtres, si ce n'est dans ces vénérables temples de la biologie que sont les muséums ?

Mais, avec le développement rapide des instituts spécialisés, nombreuses sont les espèces qui, en extrême péril dans leur milieu, sont conservées désormais vivantes dans des jardins ou des conservatoires appropriés. Elles y sont cultivées et leurs descendants seront réintroduits dans leur milieu d'origine. De nombreux centres d'accueil pour plantes menacées ont ainsi vu le jour au cours de ces dernières années, et déploient tous leurs efforts à materner les ultimes survivants d'espèces en péril.

Il convient ici de distinguer entre l'intérêt des collections et ceux de la conservation, et de trouver le bon équilibre entre les activités légitimes des collectionneurs et la nécessité de maintenir, chaque fois que possible, la plante dans son milieu d'origine afin de respecter les écosystèmes naturels partout dans le monde ; car, une fois détruits, ceux-ci ne peuvent plus être reconstitués. Les conservatoires et jardins botaniques tentent cette nécessaire synthèse entre la sauvegarde, la conservation et la réintroduction dans le milieu d'origine.

Mais, dira-t-on, pourquoi de tels efforts pour conserver des espèces qui ne servent à rien ? Ou, plus exactement, qui ne *nous* servent à rien ?

Ici se pose la question de la survie de la nature, impensable sans la diversité qui est sa loi. On pourrait imaginer, à la limite, que ne subsiste plus que la cinquantaine d'espèces qui constituent à elles seules 90 % des plantes utilisées par l'homme. Un monde de blé et de pommes de terre, de forêts d'épicéas et d'alignements de roses et de tulipes, etc. Plus d'herbes folles, plus de plantes sauvages. Plus de marécages, puisqu'on s'y enfonce ; et plus de mangroves, puisqu'on s'y perd. Et plus de violettes ou de bluets, de coquelicots ou de marronniers, puisqu'ils ne servent guère...

Une telle idée nous est insupportable. Dans les secrètes connivences de la Vie persiste, quoi qu'on dise, une proximité, une intime communion avec la nature dans toute sa richesse et sa beauté. Tout se passe comme si, chaque fois, nous perdions nous-mêmes ce qu'elle perd par notre propre faute. Une sensibilité écologique désormais bien répandue nous éveille à ce monde qui n'est pas seulement, comme on le considère parfois, notre « environnement », mais qui est, bien plus encore, notre support affectif vital.

Mais en quoi serions-nous solidaires des plantes menacées ? Simplement en ce que nous appartenons, les uns et les autres, à ce monde vivant qui est un et dans lequel nous sommes enracinés par toute notre chair et nos affects ; ceux, par exemple, qui nous lient par toutes nos fibres à nos proches, mais aussi à notre chien fidèle, à notre jardin, à nos plantes d'intérieur... Un monde vivant partout construit des mêmes briques moléculaires : l'ADN, les protéines, les sucres ; partout soumis aux mêmes impératifs : croître, respirer, se nourrir, se reproduire ; partout engagé dans des relations de compétition et de coopération avec d'autres vivants. Car la Vie est une dans la riche diversité de ses enfants. Comme la Matière est une en étant à la fois vibrations et corpuscules. Comme le Cosmos est un dans l'extraordinaire foisonnement des entités qui le constituent.

Mais l'homme est ainsi fait qu'il ne saurait se nourrir de contemplation ; se contenter de la seule vigueur de ses émotions et de ses affects ; se référer seulement à sa capacité de communier et d'aimer. Très vite, la question de l'utile se pose à lui. Avec des questions du type : quel rôle joue donc cette plante dans la nature, dans les chaînes alimentaires et les écosystèmes où elle se trouve ? Quelle est sa contribution au maintien des subtils équilibres de la nature ? Quel animal, quel insecte lui est étroitement inféodé ? Qui se nourrit de ses feuilles ? Qui la pollinise ? Quelles relations, amicales ou antagoniques, entretient-elle avec d'autres plantes, avec les micro-organismes ? Au sein du vaste réseau qui lie entre eux tous les êtres vivants, chaque espèce occupe sa place et il est impossible d'imaginer un monde appauvri au point que n'y subsisteraient que les espèces utiles à l'homme, à l'exclusion de toutes les autres. Que deviendraient, dans de telles conditions, les vastes écosystèmes de la planète ? Pourrait-on encore parler de « grands équilibres » ? Quelles conséquences pour le monde animal, dont 50 % des insectes, par exemple, se nourrissent des plantes les plus diverses ? Et pour ces formations végétales sauvages que sont les forêts humides, les mangroves, les forêts d'altitude, etc. ? Quelle incidence sur les climats dont on sait à quel point ils dépendent de ces grandes formations végétales ? Autant de questions auxquelles il est encore souvent difficile de répondre avec précision.

L'homme, lorsqu'il pense « utile », pense d'abord utile *pour lui*. Mais est-il si sûr que ces plantes aujourd'hui éteintes ne nous auraient jamais servi à rien ? Et si l'une d'elles avait contenu une substance active contre le cancer ou le Sida ? Et si une autre dégageait un parfum encore inconnu pour ne pas avoir été repéré en raison de sa rareté ? Et si une autre encore contenait dans ses graines une huile aux propriétés cosmétiques exceptionnelles ?... De nouvelles plantes ne pourraient-elles pas être acclimatées avec profit en tant qu'espèces horticoles ? Quel nouveau médicament pourrait-on tirer de plantes appartenant à des familles connues pour leur richesse en espèces à haute activité pharmacologique ? Et si l'on découvrait de nouveaux aliments, de nouveaux bois d'œuvre, de nouvelles fibres textiles ?

Bref, nous ne savons encore à peu près rien de la grande majorité des plantes qui composent l'immense règne végétal. Mais nous savons qu'avec chaque plante qui disparaît, chaque espèce qui s'éteint, c'est un peu de son potentiel que nous perdons. Un potentiel de gènes, ne manqueront pas d'énoncer certains biologistes moléculaires avec l'arrière-pensée que ceux-ci auraient pu servir, en étant instillés à d'autres plantes, à leur conférer des propriétés nouvelles. Notion ultra-utilitaire vis-à-vis de laquelle nous demeurons plus que réservés ; car la diversité respecte l'individualité et ne tolère pas les « mélanges » transgressant les barrières naturelles et sexuelles des espèces. Jusqu'ici, les gènes ne s'échangeaient qu'entre variétés d'une même espèce ; à la limite, entre individus appartenant à des espèces affines. Jamais entre individus distants dans la classification : un homme et un cochon, un chien et un plant de tabac, une rose et un pétunia [1]. Aussi se gardera-t-on de chanter les mérites de cette « banque de gènes » que serait censée représenter la nature. Plutôt que de « banque », parlons de patrimoine naturel mondial. Un patrimoine hélas dilapidé avec imprévoyance. Mais l'on peut s'engager, militer pour la sauvegarde d'un patrimoine. Pas pour celle d'une banque...

Au terme de ces « histoires de plantes », nous voudrions dire à nos frères les hommes : pitié pour elles, car ce sont nos

1. Ces exemples sont choisis à dessein. Ils illustrent quelques cas de « transgénisme » dans lesquels un gène d'une espèce a été introduit dans l'autre pour la doter du caractère contrôlé par ce gène.

sœurs ! Mais nous sommes ailleurs, empêtrés dans nos affaires, encombrés de nos certitudes, préoccupés par un progrès scientifique, économique et social pourtant chaque jour plus aléatoire... et si oublieux du reste ! Comme il est loin, le Ciel, notre patrie ; comme elle est loin, la Terre, notre maison ! Que nous importe la santé de la nature, puisque nous avons rompu notre pacte avec elle ? Puisque seuls nous soucient vraiment, dirait-on, les mille raffinements et « avancées » du progrès technologique !

L'auteur se garde bien de s'ériger ici en donneur de leçons. Solidaire de la communauté humaine, il porte sa part de responsabilité et en connaît le poids. En bon avocat de la nature et des plantes, il demande seulement à ses frères de les regarder d'un autre œil, de veiller à ne point les écraser de leurs bulldozers mécaniques ou mentaux, de leur silence et de leur indifférence ; de n'agir dans la nature et sur la nature qu'avec sagesse et précaution, avec un peu d'amour aussi pour toutes les créatures qui la peuplent.

Aux plantes disparues, il dédie ce petit poème :

Le bourdon tente encore, mais en vain, de humer leur parfum.

Que pense le papillon, désormais esseulé ?

Et le moucheron, tristement endeuillé ?

La vache paît toujours en vaine pâture. Mais quoi ?
L'herbe a-t-elle conservé son vert piment ? S'est-elle affadie à son palais ?

Pauvres fleurs mortes, disparues à jamais ! Dans nos mémoires, plus de traces. Et dans nos cœurs, plus de place : elles ont disparu.

Modestes et sans grâce, humbles et discrètes, nous ne soupçonnions pas même leur présence : elles ont disparu.

Opulentes et superbes, nous les aimions trop et les avons tuées : elles ont disparu.

Elles étaient l'œuvre de Dieu, un patrimoine à conserver, à protéger, à jardiner. Nous l'avons dilapidé. Elles ont disparu.

Avec elles, un peu de notre chair nous a été arraché. Nous ne les reverrons plus, elles ont disparu.

BIBLIOGRAPHIE

CHAPITRE 1 – TRAQUE SUR INTERNET

BOURDU Robert et VIARD Michel, *Arbres souverains*, Éd. du May, 1988.

CHAPITRE 2 – L'ARBRE LE PLUS VIEUX DU MONDE

BOURDU Robert, 1987, « Au pays des arbres phénomènes », *Terre sauvage*, n° 5 (mars), pp. 34-45.

JOHNSON Russ and Anne, *The Ancient Bristlecone Pine Forest, Aspects of Research by C.W. Ferguson*, Ed. Chalfant Press, Inc., Bishop, Californie, 1978.

CHAPITRE 3 – L'ARBRE A CRÉOSOTE OU LA CHUTE D'UN RECORD

VASEK Franck C., 1980, « Creosote Bush : long-lived Clones in the Mojave Desert », *American Journal of Botany*, 67(2), pp. 246-255.

Chapitre 4 – Le chêne et l'aubépine

Bourdu Robert, 1996, « Le chêne de Bonheur », *Hommes et Plantes*, n° 16 (hiver), pp. 2-3.

« La Forêt », juillet-août 1995, *Sciences & Avenir*, hors série, n° 102.

Chapitre 5 – Le cyprès du désert

Auge Pierre et Ducatillion Catherine, *Cultivation on the French Mediterranean Coast (the Côte d'Azur) of Rare or Threatened Tropical or Sub-Tropical Trees, Two Examples : Jubaea Chilensis and Cupressus Dupreziana*, Tropical Botanic Gardens : their role in conservation and development, Heywood V.H. & Wyse Jackson P.S. (eds.), pp. 151-162, Academic Press, London, 1991.

Barry J.P. et coll., 1970, « Essai de monographie du Cupressus dupreziana », A. Camus ; Cyprès endémique du Tassili des Ajjer (Sahara Central, *Bulletin de la Société d'Histoire naturelle d'Afrique du Nord*, 61 (1-2), 95-178.

Dobry J., 1988, « Cupressus Dupreziana. Expedition Tarout'81, Reintroduction Project », *Threatened Plants Newsletter*, 20 : 8.

Dobry J. and Kyncl J., 1989, « Cupressus dupreziana, an endangered coniferous tree of the Central Sahara », *Lesnictvi*, 35 (4), pp. 371-384.

Chapitre 6 – Du Viollet et des violettes

Duvigneaud J. et coll., 1970, « La Végétation des éboulis de Pagny-la-Blanche-Côte (Meuse, France) », *Vegetatio Acta Geobotanica, Separatum* vol. XX, 18-III, fasc. 1-4.

KOOPOWITZ H. and KAYE H., *Plants Extinction, a Global Crisis*, Stone Wall Press, Inc. Washington, USA, 1983.

LEESTMANS R., 1984, « Importance biogéographique du site de Pagny-la-Blanche-Côte (Meuse, France) », *Linneana Belgica*, Pars IX, n° 7, Sept.

CHAPITRE 7 – LA SAGA DES TULIPES

DANTON Philippe et BAFFRAY Michel, *Inventaire des plantes protégées en France*, Éd. Nathan et A.F.C.E.V., Paris, 1995.

« Faune et Flore, protection de la nature », *Journal officiel de la République française*, édition de novembre 1994, n° 1454-I, Direction des Journaux officiels, Paris, Fr.

Livre rouge de la Flore menacée de France, tome 1 : *Espèces prioritaires*, ouvrage collectif édité par le Museum national d'histoire naturelle, l'Institut d'Écologie et de Gestion de la Biodiversité, Service du Patrimoine naturel, Ministère de l'Environnement, Paris, 1995.

CHAPITRE 8 – DE LA NOURRITURE DES DIEUX À LA GRIFFE DU DIABLE

ASTRED Marie-Christiane, 1990, « *Harpagophytum procumbens*, famille des Pedalicaceae », *Bio Ordonnance*, n° 1.

BEQUETTE France, 1997, « Des plantes et des hommes », *Le Courrier de l'UNESCO*, (janvier), pp. 42-44.

ERARD Isabelle, 1992, « Le Silphium, fortune de Cyrène », *La Garance voyageuse, Revue du monde végétal*, n° 17 (printemps), pp. 2-4.

LANHERS M.-C., FLEURENTIN J. and coll., 1997, *Analytical study anti-inflammatory and analgesic effects of Harpagophytum procumbens and Harpagophytum zeyheri*, Planta Medica, (sous presse).

« La Garance voyageuse », *Revue du monde végétal*, (été 1994), n° 26 « Le Prunier africain ».

VAN HAELEN M. et coll., 1983, *Aspects botaniques, Constitution chimique et activité pharmacologique d'*Harpagophytum procumbens, Phytotherapy, n° 5, pp. 7-13.

CHAPITRE 9 – SAINTE-HÉLÈNE, L'ÎLE DU BOUT DU MONDE

The Endemic Flora of St. Helena, A Struggle for Survival, ouvrage collectif, The Department of Agriculture and Forestry and The Department of Education of the Government of St-Helena, Michael D. Holland Editor, 1986.

DUPLAQUET L., 1969, *Île de Sainte-Hélène, Évolution biologique et agronomique*, Revue forestière française, Tome XXI, 7, pp. 685-691.

KAUFFMANN Jean-Paul, 1994, « Sainte-Hélène », *GEO*, n° 186 (août), pp. 30-34.

CHAPITRE 10 – LA NUIT TOMBE SUR MADAGASCAR

BAILLON M.H., 1895, « Les Didierea de Madagascar », *Bulletin du Muséum d'histoire naturelle de Paris*, n° 1, pp. 22-24.

CHOUX M.P., 1929, « Les Didiéréacées, xérophytes de Madagascar », *Comptes rendus hebdomadaires des séances de l'Académie des Sciences*, tome 188, Paris, pp. 1619-1621.

DESMONTS Annick, *Madagascar*, Éd. Olizane, Genève, Suisse, 1995.

DIXON Roger, 1995, « The Didiereaceae of Southern Madagascar », *Aloe* 32, n° 3, 4, pp. 72-73.

HENRY-CHARTIER Corrine et HENRY Philippe, 1994, « Entre Onilahy et Mandrare, 1 500 km à travers la végétation du sud de Madagascar », *Botanique lorraine*, n° 2, pp. 15-18.

JOLLY Alison, 1990, « Madagascar, l'île à la dérive », *Sciences & Nature*, n° 3 (été), pp. 38-55.

Key Environments Madagascar, ouvrage collectif, I.U.C.N., Pergamon Press, 1984.

Madagascar, un sanctuaire de la nature, ouvrage collectif, Philippe OBERLÉ Éditeur, diffusion Lechevalier Paris, 1981.

PRESTON-MAFHAM Ken, *Madagascar, a natural History*, Facts on File Ed., Oxford, U.K., 1991.

CHAPITRE 11 – AUX SEYCHELLES, IL Y A COCOTIER ET COCOTIER

DOMINIK Michel, 1988, « Seychelles, un drôle de Coco », *Terre sauvage*, n° 14 (janvier), pp. 29-37.

FRIEDEL Michael, 1992, « Seychelles, un fragment d'Eden dans l'océan Indien », *Terre sauvage*, n° 59 (février), pp. 56-67.

FRIEDMANN Francis, *Fleurs et arbres des Seychelles*, édité par l'ORSTOM et le Département des finances des Seychelles, 1986.

Chapitre 12 – La Réunion menacée par les envahisseurs

Balouet J.-C. et Alibert E., *Le Grand Livre des espèces disparues*, Éditions Ouest-France, 1989.

Cadet Th., *Plantes rares ou remarquables des Mascareignes*, Agence de coopération culturelle et technique, Paris, 1984.

L'Île de la Réunion par ses plantes, Conservatoire botanique de Mascarin, Éd. Solar, 1992.

Chapitre 13 – Pins et palmiers de Nouvelle-Calédonie

Cherrier J.-F., *Les Gymnospermes de Nouvelle-Calédonie*, août 1980.

Cherrier J.-F., *Le Niaouli en Nouvelle-Calédonie*, août 1980.

Jaffre T. et Veillon J.-M., 1988, *Morphologie, Distribution et Écologie des Palmiers de Nouvelle-Calédonie*, Rapports scientifiques et techniques « Sciences de la Vie », *Botanique*, n° 2, Éd. ORSTOM, Centre de Nouméa.

Moore Harold E. Jr. and Uhl Nathalie W., 1984, *The indigenous Palms of New Caledonia*, Alertonia, vol. 3, n° 5 (septembre), by Pacific Tropical Botanical Garden, pp. 317-320.

Pintaud Jean-Christophe, 1996, « Découverte d'un palmier inconnu », *Le Palmier*, n° 14 (juillet), *Journal des « Fous de palmiers »*, Hyères, Fr.,pp. 8-11.

Chapitre 14 – Les bulldozers du Sarawak

Manser Bruno, *Voix de la forêt pluviale*, Georg Editeur « Terra Magna », Genève, 1994.

Plantes en péril

MANSER Bruno et GRAF Roger, 1995, « Protéger les Pénans et leur forêt », *Combat Nature*, n° 111 (novembre), pp. 51-54.

« The I.U.C.N. Plant Red Data Book », *IUCN Publications*, Gland, Suisse, 1980.

« Peuples des forêts tropicales », *PANDA* (WWF), 1982, n° III.

TABLE

Cet ouvrage a été composé par
Paris Photocomposition
36, avenue des Ternes, 75017 PARIS

Impression réalisée sur CAMERON par
BRODARD ET TAUPIN
La Flèche

pour le compte des Éditions Fayard
en février 1997

Imprimé en France
Dépôt légal : février 1997
N° d'édition : 556 – N° d'impression : 6033R-5
ISBN : 2-213-59826-6
35-57-0026-01/1